光文社知恵の森文庫

戸部民夫

怖いくらいわかる日本の呪術

ケガレを祓いツキを呼ぶ秘儀のすべて

光文社

本書は二〇〇七年八月に小社より刊行された単行本の文庫化にあたり加筆・修正しました。

はじめに――願望を叶えるためのテクニック

「いい会社に入りたい」「お金持ちになりたい」「恋人が欲しい」「健康になりたい」「勝負ごとに強くなりたい」「厄《やく》を祓《はら》いたい」「幸せになりたい」――。

私たちは、日々、実にさまざまな願望＝欲望を抱えながら生きています。

古来、そうした人間の願望を叶《かな》えるための方法（テクニック）として用いられてきたのが、本書で取り上げる呪術です。

最近は、呪術を使って敵と戦う主人公が活躍する漫画やアニメが人気ですが、もちろん、呪術はフィクションの世界にだけ存在するものではありません。私たちの日常生活の身近なところでも、「呪い」や「まじない」、「おまじない」などの呼び名で、今もしっかりと生き続けています。

科学が発達した現代では、「呪術は非科学的なもの。単なる迷信、風習だから効果はない」と考えている人が一般的かもしれません。でも、心のどこかで「もしかしたら効くんじゃないか」「効いてほしい」と期待している人も少なくないと思います。

そこで、呪術を信じているか、信じていないかはともかく、呪術に少しでも関心がある人に、「呪術の世界」の基本知識を、できるだけわかりやすく提供しようというのが本書の大きな狙いです。

一般的にいえることですが、何か新しいことを始めるときは、それについての基本的なこと（歴史、種類、機能、目的など）をあらかじめ知っておくことがとても大切です。知識として頭の中に入っていれば、こんなときにはこの方法で対処すればよい、といったことがとっさに判断できます。呪術についてもそれは同じです。

まして、呪術の特性である「人知を超えた神秘的な力」に関わるという意味では、一歩間違えば思わぬ危険（マイナスの作用）を招いたりするかもしれません。

とにかく、初心者にとって呪術の基本を知ることは、呪術への理解を深める第一歩であると同時に、呪術に対する真摯《しんし》な心構えを養うのに欠かせないことです。

その心構えは、呪術によって得られる霊験《れいげん》に対する「信頼」にもつながります。「これは頼れるものだ」と信じることはとても大事。なぜなら、呪術の実践において不可欠な要素である人間に備わった能力のひとつ、すなわち「念力」に深く関係するからです。

本書では、こうした呪術の基本がひととおり学べるようになっています。また、いろんな意味で「使える」本にすることも心がけました。

では、さっそく興味尽きない呪術の世界へご案内することにしましょう。

二〇二二年一月

戸部民夫

目次 怖いくらいわかる日本の呪術

第二章 神道・古神道の呪術

第二章

密教・修験道・陰陽道の呪術

第四章

生活の中の呪術

第五章 〈目的別〉呪術入門

本文デザイン・イラスト・DTP／アミークス（桜井勝志）
編集協力／江渕眞人

第一章

呪術の基礎知識

其の一

呪術とは何か

「神秘的な力」の活用法

まず基本中の基本ともいえる、「呪術とは何か？」という問いから始めることにしましょう。

アニメやゲームなどで呪術に親しんでいる人は、呪文を唱えたり、祈禱《きとう》したりといった呪術の具体的な「形」にはなじみがあるものの、「そもそも呪術って何？」と聞かれると答えに困るはずです。

そこで『広辞苑』を見てみると、呪術について「超自然的存在や神秘的な力に働きかけて種々の目的を達成しようとする意図的な行為（傍点筆者）」とあります。

「超自然的存在」とは、科学的には説明がつかない神秘的な存在のことで、神、神霊、精霊、死霊などです。

また「神秘的な力」とは、人間の知識や能力をはるかに超えた超越的な力のことで、

図1　呪術のメカニズム

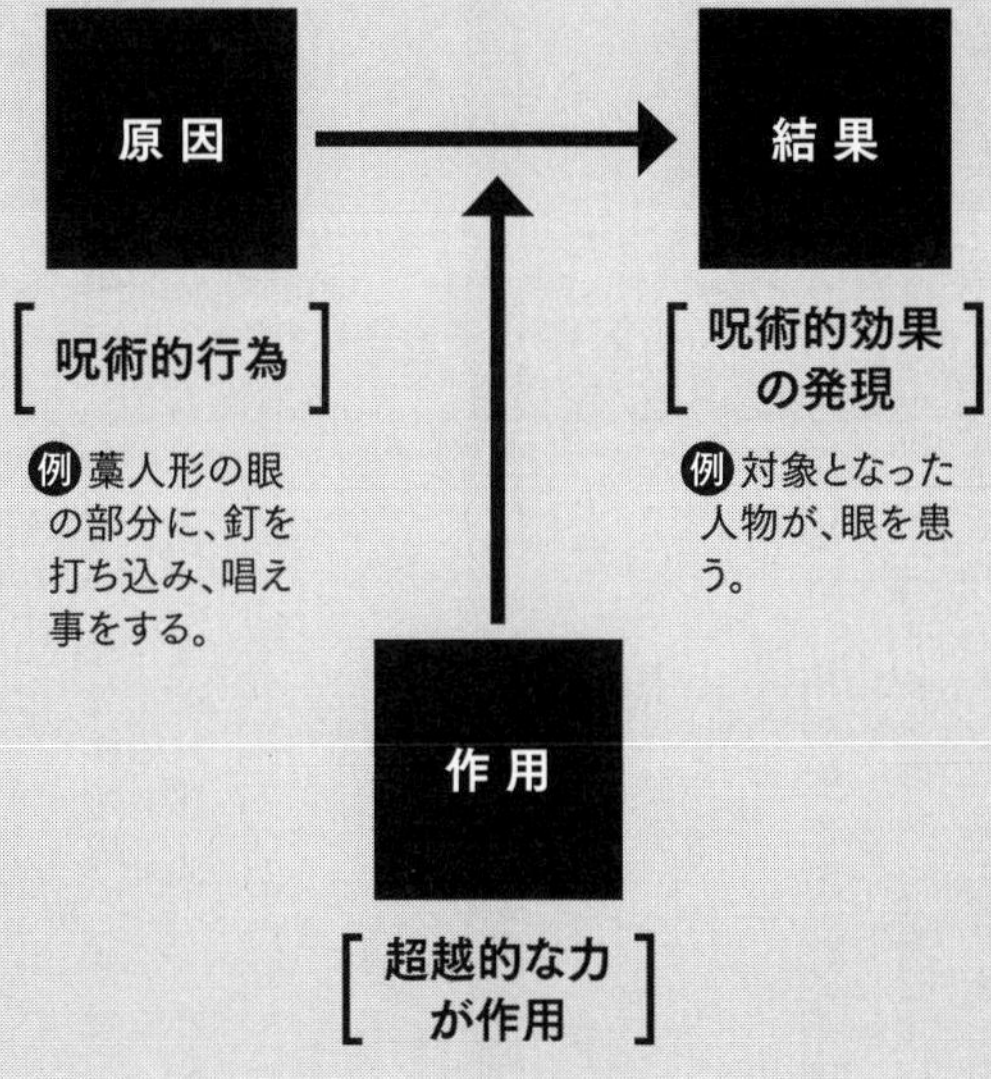
原因
結果
作用
呪術的行為
例 藁人形の眼の部分に、釘を打ち込み、唱え事をする。
呪術的効果の発現
例 対象となった人物が、眼を患う。
超越的な力が作用

この力は、古代の人々が大災害や異常気象、天変地異などを神の仕業《しわざ》と考えたことに通じるものです。

つまり、呪術的行為が「原因」となり、そこに超越的な力が「作用」することで、その効果が望ましい「結果」となって現れます（図1）。ごく簡単にいってしまえば、人知を超えた超越的な力を、自分の幸福を達成するために利用すること――、それが呪術なのです。

世界は呪術にあふれている

呪術というと、密教や修験道《しゅげんどう》の儀礼にもとづく祈禱のような、いわゆる本格的な呪術をイメージする人は多いでしょう。でも、現実世界には、もっといろいろな呪術があふれています。

現代の私たちの身のまわりにある呪術は、宗教的な本格的呪術が民間に流れて続いているもの、古くから習俗の一部として受け継がれてきたものなどいろいろです。それらは、本格的な呪術に比べて神秘性や呪力性がやや薄めという意味で「呪術的」といえるものです。

具体的には、寺社のお守りや絵馬は願掛けの呪術の一種ですし、おみくじは物事の吉凶善悪を神の判断で知ろうとするための呪具《じゅぐ》です。また、若者に人気のある星占いや手相、易占などの占いも運勢や未来を知るための呪術です。

季節の節目に行われる年中行事は、季節の正常な運行と平穏無事な生活を願う儀礼ですが、その多くは呪術にもとづいています。たとえば、女児の健やかな成長と無病息災《そくさい》を願う三月三日（桃の節句）の雛《ひな》祭りがそうです。そこで飾られる雛人形はそもそも呪物《じゅぶつ》としての性格を持っているのです。

さらに現代では、金運や恋愛運などいろいろな願いを叶えてくれるという開運グッズが、インターネットで購入できますが、これらは呪具が商品化されたものにほかなりません。

このように私たちのまわりは、はっきり「呪術」とうたっていないものも含めて、まさに呪術だらけであり、それと意識するかしないかにかかわらず、私たちは呪術とともに生きているのです。

其の二

日本の呪術の歴史

縄文土器は呪物だった

呪術を使う呪術師というと、一般に安倍晴明《あべのせいめい》のような陰陽師《おんみようじ》をイメージする人は多いでしょう。

でも、そのイメージは、多分にアニメや小説などに描かれている超人的な陰陽師の姿に影響されたもので、あくまでもフィクションにすぎません。

日本の歴史の中の呪術や呪術師のリアルを知ることは、ファンタジックでオカルティックな呪術世界をより楽しむ助けになるはずです。

そこで、ここからは、とくに古神道《こしんとう》・神道、密教、陰陽道、修験道など各系統の呪術が出そろい、現代に続く日本の呪術世界の基盤が形成された時期を中心に、その流れをざっと見渡してみようと思います。

呪術は、世界中のあらゆる国や地域に見られるものです。その起源は、定かではありませんが、世界各地で人類が生活するようになった太古の昔から存在していたと考えられています。日本でも、縄文時代にはすでに存在していました。

古代日本人は、自然との共生の中で生活していました。その中で生まれたのが、自然界の森羅万象《しんらばんしょう》（あらゆる物事）には精霊＝神が宿っていると信じる精霊崇拝（自然崇拝・精霊信仰）です。

精霊崇拝は、遠い昔、世界各地で自然発生的に生まれたもので、日本に限ったものではありません。とはいえ、日本特有の四季折々の変化豊かな気候風土から、わが国独自の精霊崇拝が形成されました。

数多くの神々の総称である「八百万《やおよろず》の神」などはまさにその象徴であり、日本呪術の源流に位置する古神道・神道の重要な核となっているのです。

日本最古のシャーマン・卑弥呼《ひみこ》

自然と共生する古代の人々が、なかなか思い通りにならない生活の安全や幸福を求めようとしたときに、当然のごとく思いついたのが、精霊（神の力）に満ちている自然界から呪力を得ることでした。

自然物や自然現象に神の存在を信じる原始的信仰を持っていた縄文時代の人々は、豊かな収穫を祈るための呪術的な文様で飾った土器、安産・子孫繁栄・豊穣《ほうじょう》祈願のための妊婦の土偶（長野県茅野《ちの》市出土の国宝「縄文のビーナス」が有名）などからもうかがえるように、多彩な呪物を持っていました。

のちに稲作技術と金属器などの外来文化が伝わって農耕生産が盛んになるなかで、雨乞《あまご》いや豊穣祈願などの農耕儀礼の祭りとともに、卜占《ぼくせん》などの多様な呪術世界が展開されるようになりました。

こうして呪文や呪具を用いる呪術の技法が確立されると、それを操って呪力をコントロールすることを専門とする呪術師（霊能者）が登場しました。それが超自然的存在（神霊や精霊など呪力を持つ霊的存在）と交信する能力を持つシャーマンです。

なかでも歴史的に有名なのが、古墳時代の邪馬台国の女王・卑弥呼です。このミステリアスな女王は、「日本最古のシャーマン」ともいわれ、のちに登場する安倍晴明と同様に、呪術を操る職能者として今日でも人気があります。

人を害する「厭魅《えんみ》」と「蠱毒《こどく》」

日本で古くから行われた土着的な自然信仰、精霊信仰にもとづく呪術は、もともと人々が幸福や農作物の豊穣への願望を反映したプラスの機能を主としたものでした。ところが、飛鳥〜奈良時代になって大きな変化の節目が訪れます。「呪《のろ》い＝呪詛《じゅそ》」というマイナスの機能が加わり、日本の呪術の歴史に新たな流れを生み出すことになったのです。

この時代、日本に中国などからさまざまな思想が流入しました。その一つが飛鳥時代に仏教や儒教と同時に伝わった道教です。その陰陽五行《いんようごぎょう》説や神仙思想を中心とした宇宙観や世界観は、『古事記』『日本書紀』の神話伝説にも色濃く反映され、日本の神道の源流とも深く関わっていきました。

道教に由来する呪術は呪禁《じゅごん》（陰陽道の源流）と呼ばれ、主に病気治療の手段として使われました。それを扱う律令の職制として呪禁博士・呪禁師が設置されましたが、呪禁のなかには人を呪い害する厭魅（人形《ひとがた》を使う）と蠱毒（動物を使う）による呪法も存在しました。

のちに歴史書や古記録に残るような「厭魅・呪詛事件」が度々起きたために、呪禁を禁止する勅令が出されて呪禁師も廃止され、道教系呪術は表舞台から消え去ります。

それにとってかわるように、奈良時代末期から平安時代にかけて流盛したのが、道教の呪術に陰陽五行説を取り入れて、日本独自に発展した陰陽道です。

日本独自の呪術の誕生

密教は、平安時代の初めに空海《くうかい》、最澄《さいちょう》によって中国から伝えられ、空海の開いた真言密教《しんごんみっきょう》（東密《とうみつ》）と、最澄の開いた天台密教（台密《たいみつ》）の二つの系統によって展開されました。密教は日本古来の呪術と結びつき、雨乞いなどの祈禱を行って鎮護国家に効験ありとされ、また皇族や貴族たちが恐れる物の怪《け》や怨霊（御霊《ごりょう》）の祟《たた》りを鎮めるなどして、存在感を発揮しました。

平安時代になると、奈良時代末期から隆盛を極めた陰陽道の呪術的知識（星占い、呪術、占術）が密教に流れ込み、習合《しゅうごう》（混在、共存）しました。

陰陽師とは、国が定めた役所のひとつである陰陽寮《おんようりょう》に属した官職で、本来の役割は天文・気象を観測したり暦を作ったりすることでした。しかし、平安時代後期以降は、怨霊の祟りや、病、罪穢《つみけが》れを祓ったり、出世を願う貴族たちのために呪術的行為や祭儀を行うようになります。そのなかですぐれた陰陽師として知られたのが安倍晴明です。平安時代以降は、民間の陰陽師も活躍するようになり、全国に陰陽道の思想が広まりました。

一方で、奈良から平安時代にかけて、日本古来の山岳信仰や密教、道教、陰陽道などが習合して修験道が成立します。修験道は密教と深く関わりつつ、修験者（山伏《やまぶし》）の活躍によって発展します。平安時代末期には独自の宗派としての形態が完成。中世以降、仏教の民衆化に伴って、庶民の間で大いに浸透し、吉を願い凶を避けることを主としたさまざまな呪術が展開されました。

以上のように、土着信仰に発する日本独自の思想と、道教・仏教・陰陽道など外来の思想、さらに神仏習合による修験道など、それぞれが複雑にまじりあって展開してきたのが日本の呪術の特徴です。

其の三

呪術の目的と方法

呪術には「白」と「黒」がある

『広辞苑』によれば、呪術は「善意の意図による白呪術（ホワイト・マジック）と邪悪な意図による黒呪術（ブラック・マジック）とに分けられる」とあるように、呪術には、人間本来の欲望を反映して、善（光）と悪（影）の二つの側面があります。

呪術の世界は、この二面が入りまじって展開され、ときに人の運命を大きく左右するなど、そのさまはまさにドラマチックかつ刺激的で、今も人々を魅了しています。現代の呪術（魔術）ブームも、こうした呪術の二面性と深く関係していると考えられます。

白呪術の「白」は、世界共通で清潔さや善、安全性を象徴する色とされますから、白呪術というのは文字通り善的な本質を持ったものです。すなわち社会や人々に幸福をもたらす目的を持って行われる呪術を指します。

具体的には、雨乞いや五穀《ごこく》豊穣、悪霊退散、病気平癒といった願いを叶えるものです。その実態は、個人の身を護《まも》ることから、国家や地域社会の安泰を願うものまでさまざまですが、いずれにせよ社会的に認められているのが白呪術です。

闇の世界で行われてきた黒呪術

幸福をもたらす白呪術に対して、黒呪術はその名の「黒」からイメージされるように、不幸をもたらすもので、妖術、邪術とも呼ばれます。

黒呪術は、いわゆる「呪い」（呪詛）が基調となっていて、自分と敵対して自分の利益を損なう者、憎悪や怨恨のある者を、病気にしたり、危害を加えて不幸にしたり、災難に遭わせたり、あるいは死に至らしめる（呪殺する）ことを目的とします。

このように、社会にとって危険とみなされる本質を持っていますから、だいたいは社会の裏側、闇の世界で行われます。だから、社会的には認められない「陰の呪術」とも呼ばれるのです。

自分の幸福を願うのが「まじない」

「まじない」と「呪い」の違いがわからないという人も多いと思います。そんなもやもや解消のために、簡単に触れておきます。

漢字で書けば「呪《まじな》い」「呪《のろ》い」で、どちらも「呪」ですから、基本的には超越的な存在の力を借りて目的を達成しようとする呪術である点は同じです。その違いには、先に述べた呪術の善悪の二面性が関係しています。

まず「まじない」は、その本質としてはプラスの意味合いが強いホワイト・マジックに類する呪術的行為を指します。一般的には、病気などの災厄を取り除くための呪術など、呪術のプラスの側面を指す言葉と理解しておいてよいでしょう。親しみを込めて「おまじない」というと、幸運を引き寄せるためのプラスの行為という意味合いが一層強くなります。

また、「まじない」は、基本的に自分のために自分で行い、その手法も手軽で安全です。もちろん例外的に他人の幸福や不幸にかかわることもありますが、主に自分の幸福を目的とするものが「まじない」です。

他者の不幸を願うのが「呪い」

それに対して「呪い」は、もっぱら相手の不幸（病気、死、災難など）を願うものです。マイナス効果の度合いが強いもので、ブラック・マジックに類する呪術です。「呪い」は、日本の呪術の歴史において、多くは社会の裏側の闇の領域で密《ひそ》かに行われました。「丑《うし》の刻参《こくまい》り」がまさにそうですし、密教の怨敵調伏《おんてきちょうぶく》法なども平安時代以降に「呪い」の機能を備えて闇の世界において強力な威力を発揮し、呪われる側の人々を恐怖させました。

その方法には古くから決まった作法がありますが、「呪い」の本質は他者に災禍を与える呪詛ですから、ふつうは一般人が勝手にできるものではありません。古代には法律で禁止されたこともあります。

ちなみに「呪術」という語は、それを行う際の意図やその結果の善悪に関係なく用いられます。ホワイト・マジック（まじない）とブラック・マジック（呪い）の両方を含めての総称といっていいでしょう。

先にもふれているように、歴史的にみれば、もともと呪術は人間が幸福を求める欲望を反映するプラスの機能（まじない）を主として発生し、それが今日でも呪術の中核的領域になっています。そこに、のちになってマイナスの機能（呪い）を主としたブラック・マジックが加わりました。

現在ではこのプラスとマイナスに大別される二つのタイプが、日本の呪術文化を支えているのです。

其の四

呪術に使う道具

神様が依り憑《よ》くものが呪物

どのような呪術を行うにしても、狙った効果を確実に実現するためには、目的に適した道具（呪物）を用意し、それを決められた手順（呪法）に従って用いなければなりません。

呪物とは、呪術を行うときに呪術的行為の媒体（超自然的な力を集中・凝縮させる機能）となる事物（物質）のことです。

呪物の基本的な性質は、神霊が依り憑く代物《だいぶつ》、つまり依り代《しろ》のようなもので、呪文、呪符（霊符）、人形《ひとがた》（形代《かたしろ》）、祭祀《さいし》具などさまざまなものがあります。呪物崇拝の対象となる霊石、神木、寺社の護符《ごふ》（お守りなど）、お札《ふだ》も呪物の一種です。

呪術の専門家が用いる呪物としては、呪術の対象となる者の毛髪・呪いの人形・撫《な》で物・呪符など、呪いをかける直接的な対象物、さらに呪術者が呪術を行うため心身の準備や効果を高めるための呪具、すなわち数珠《じゅず》・梓弓《あずさゆみ》・秘密本尊といった祭祀具などがあげられます。

呪物の代表格・呪文と人形

さまざまな呪物のなかで、もっともポピュラーなものが呪文と呪符です。

呪文は、呪言《じゅごん》、まじないともいわれ、呪術を行う際に繰り返し唱えられる決まり文句のことですが、これは言葉に宿る呪力を利用する呪法で、呪物の一種ということになります。

怖い思いをしたときに発する「クワバラクワバラ」という言葉は、もともとは雷《かみなり》除《よ》けの呪文です。呪文には、こうした民間信仰の俗信的な言葉から、密教の真言や陀《だ》羅《ら》尼《に》（89ページ）までいろいろです。

呪符（霊符・守札《まもりふだ》）は、紙や木に文字や絵、記号を書きつけたいわゆるお札で、これも呪文の一種です。たとえば、呪符に書かれた梵字《ぼんじ》（神仏を一字で表す神聖な文字）や経文などの文字は言霊《ことだま》の一種と考えられているのです。

また、呪文や呪符とともに、呪術行為において古くから重要視されてきた呪物の代表格には人形があります。これを用いた人形呪術の典型は、藁人形《わらにんぎょう》に五寸釘を打ち付ける「丑の刻参り」の呪いです。

民俗信仰では、霊が宿り、呪力があるとされる石、木片、砂、骨片《こっぺん》、貝殻などの自然物や動物の体の一部、そして、金属、衣服などの人工物が呪物とされます。これらは一般に身につけたり、持ち歩いたりする方法で幸福をもたらしたり、災難を避けたりする効果が得られると信じられています。

また、意外なものでは、針、櫛《くし》、草履《ぞうり》、箒《ほうき》などの日常の道具も、その機能や形の特徴を利用して、豊作祈願、魔除《まよ》け、病気除けといった呪術に用いることが多く見られます。

其の五

呪いの作法

「行為」には呪力がある

呪術は、目的とする効果を得るために、神仏などの超自然的な力に強制的に働きかけます。そこが、ひたすら祈願するだけの宗教的行為との大きな違いです。

呪術を行う際には、特定の作法で呪具を使います。

典型的な作法として、刺す・打つ・射る・縛る・火であぶる・水につける・叩く・結ぶ・開く・抜く・焼く・踏みつける・埋める・流す、といったものがあります（藤巻一保『呪術の本』：「作法と結界法」）。簡単にみていきましょう。

●刺す・打つ

呪う相手に見立てた木や紙、藁で作った人形に、針を刺したり、釘を打ったりする呪的行為です。

昔話でおなじみの一寸法師は針の刀で鬼を退治します。針には、敵や魔物をやっつけたり、災厄を防いだりする機能が備わっているという考え方が背景にあって、呪術でしばしば用いられます。

また、藁人形に釘を打つという作法で相手に危害を与えようとするのが、「丑の刻参り」です。

●射る

弓矢の射る機能には邪悪を祓う力があるとされ、除災や、病魔退散などの目的で、古くから神事儀礼の重要な道具（呪具）として用いられました（77ページ）。

弓矢による呪法としては、鏑矢《かぶらや》（矢の先に鏑をつけ、射ると音が鳴るようにした矢）の鳴る音で悪霊を威嚇する「蟇目《ひきめ》の法」、弦の音で邪を祓う「鳴弦《めいげん》（弦打《つるうち》）」が有名です。また、陰陽道で「魔除けの木」とされる素材（桃、桑、卯木《うつぎ》、柳）で作った弓を用いると、その呪力が大きくアップするといわれています。

●縛る・火であぶる・水につける・叩く

民間信仰の願掛け法の一種として強制祈願という習俗があります。これは祈願する対象の神仏に身体的・精神的な苦痛を与えたり、不自由な状態にして放置したりして、その苦痛から解放することを交換条件に願いを叶えさせる（強制する）という呪術です。

一例が、昔話にも登場する「縛られ地蔵」です。ほかにも、地蔵を火であぶったり、水につけたり、打ち叩いたりすることも行われます。民間では、古くから主に雨乞い信仰と深く関係しています。

●結ぶ・開く・抜く

「結び」の呪力は、古くから呪術やまじない、占いなどに用いられてきました。結び目は、魂を封じ込める力があると信じられ、そこから「結ぶ」機能を主とする縄、紐《ひも》、綱、糸、こより、水引《みずひき》などが呪物とされました。

「結び」の呪術的作法としては表と裏があり、一つは魂を封じ込め、つなぎとめること、もう一つは肉体にとり憑いた穢れや悪霊を祓い除ける、というものです。今日では特に「結び」の呪力は、男女の仲を取り持つ縁結びの呪法には欠かせないものになっています（161ページ）。

また、出産の際に家の門や戸口、鍋や釜の蓋などをすべて「開く」というまじないや、柄杓《ひしゃく》の底を「抜く」習俗もあります。底の抜けた柄杓を神仏に奉納し、安産を祈願するのです。これらの呪術は今も民間で行われています。

●焼く・踏みつける（壊す）・埋める・流す

密教や修験道などの宗教的呪術では、ものを焼く火は、「浄化と再生」の呪力を持つとされます。人間の生命力を害するいっさいの穢れを焼き尽くしてくれるというわけです。

怨敵退散の呪術では、呪殺用の人形を焼くことによって、呪いの効果が高まるとされます。

また、焼く行為は、呪術の効果を確定するための作法として、広く行われます。たとえば密教の調伏法では、呪術行為の最後に、使用した呪符や人形などの呪物を「焼いて」灰にし、さらに「踏みつけて」粉々に「壊し」、それを土中に「埋めたり」、川に「流したり」します。こうした作法は、呪力の効果が弱ったり、あるいは消失したりすることがないよう、効果を確定させるために行います。

其の六

呪術に不可欠な「念力」

念力は誰にでもある

呪術を実践する際に、呪法や呪物とともに絶対に欠かせないのが、本来、人間に備わっている能力である「念力」です。

「念力」の「念」とは、人間の思念（思い）のことで、仏教用語の解釈の一つとして、「心の働き」、「対象に向かって想いを集中し、心を動揺させない（瞑想する）こと」を意味します。

「念」の威力を示すのが、「一念天に通ず」とか「一念山をも動かす」といったことわざです。「何事も一心に念じて努力し続ければ、必ず成就する」という意味ですが、裏を返せば、念にはそれだけの力があるということです。

「念」と「力」を合体させたのが「念力」ですが、『デジタル大辞泉』の「念力」の解説では、「一心に思うことによって得られる力」「超自然的な能力」とあります。

つまり、私たちは生まれながらに念力を持っていて、そのエネルギーは、誰もが普通に持っている「一心に思う」というレベルから、「超自然的な能力」＝「呪力」を発揮するレベルまで、さまざまな段階があるのです。

念力開発の第一歩とは？

たとえば、「試験に合格したい！」「試合に勝ちたい！」と強く思う（思念する）ことが、良い結果を招く運気を高めるといわれます。こんなとき、私たちは、無意識のうちに念力を放出しているのです。重要なのは、自分でそれを念力と意識するか、しないか、その違いだけです。

念力は、誰もが持っている能力ですから、運動能力や思考能力など、人間のほかの能力と同じように、磨けば磨くほど強くなります。

そのためには、まず「なんとなく」使うことから脱して、それを「超自然的な能力」に通じるものと明確に意識することが第一歩です。そこから、日常生活の中で念力を意識したトレーニングを続けることで、その能力を開発し、高めていくことは可能です。

その方法としては、自分が望む物事に対して意識を集中すること。そのためには、写経などを「全集中」で行うのも効果的です。

願望達成のためのイメージ・トレーニングや瞑想も、念力を高めるのに大変重視されます。瞑想によって雑念を払いのけ、頭の中をクリアーにすることによって、念力に使う思考のエネルギーが高まるのです。

あとは、神秘的なものに否定的な周囲の雑音に惑わされず、念力が高まる可能性を信じて取り組むことが大事。心の迷い（疑念）を克服することも念力強化の必須条件です。

以上は、数多くある念力開発のためのトレーニング法の一部を取り上げたものですが、関連書もいろいろ出ていますから、興味のある人は自分に合ったトレーニング法を探してみてください。

まだ未開発でも、念力を意識することは、呪術に関係なくふだんの生活の中で、集中力や精神力を高めることにつながるはずです。

第二章

神道・古神道の呪術

其の一

神々の呪力

拍手《かしわで》は神様を呼ぶ呪法

日本の呪術の歴史をみると、その源流は古神道にあることがわかります。

一般にいう「神道」と「古神道」はどう違うのでしょうか。

古神道は飛鳥時代に仏教が伝来する以前に日本に存在していた信仰で、原始神道とか古代神道とも呼ばれます。要するに、外来の宗教や思想の影響を受けていない日本固有の信仰です。

一方、神道は、飛鳥時代以降、仏教・道教・陰陽道など外来の思想や宗教の影響を受けつつ確立された、日本民族古来の神観念にもとづく信仰のことです。

自然界の万物に精霊（神）が宿ると信じた古代の人々は、人間にはない超越的な力を精霊に感じ取り（呪力信仰）、早くからその力を自分たちの願望を満たすために利用する方法を考えました。それが古神道の呪術であり、その流れは今日まで神道・古神道系の呪術の中枢となっているのです。

神道・古神道系の呪術は、今日でも日本人の生活の中に生き続けています。私たちがふだん何気なく行っていることが、実は呪的行為だったりするのです。

その代表的なものが、神社に参拝したときの拍手です。拍手は、神霊を招来する（神様に通じる）ための、あるいは邪気を祓うための呪法（作法）とされます。つまり、手のひらを打ち合わせる「動作」と、拍手によって発せられる「音」の呪力を使った呪術なのです。

地上の神オオクニヌシが天上の神アマテラスに自らの国を献上した「国譲《くにゆず》り神話」に、コトシロヌシ（オオクニヌシの子）が「天《あめ》の逆手《むかえで》」という拍手によって海中に青柴垣《あおふしがき》（青葉のついた柴の垣）を作り、そのなかに隠れ去ったという不思議な場面があります。「逆手」というのは、手のひらを外側にして逆さまに打ち合わせるという呪的行為で、まさに神様の呪術といえます。

神話の世界は呪いの世界

コトシロヌシに限らず、日本の八百万の神々は、それぞれが呪力を象徴する存在です。神道の重要古典とされる『古事記』や『日本書紀』などの神話の世界は、まさに呪術ワールドであり、そこには神々の呪力が満ちています。

呪術を成り立たせているものは、呪力への信仰であり、日本の各地には古くから呪力信仰があったことを今に伝えているのが神話なのです。

そんなわけで、先にあげたコトシロヌシの「天の逆手」のように、神話には神々が呪術を用いる場面が数多く登場します。そのうちの有名な場面をいくつか取り上げて、そこに秘められた呪術や神々が象徴する呪力を探ってみましょう。

神々の持ち物や関係する呪物については、ほとんどが今日でも呪力を発揮している伝統的な呪具なので、特に注目してください。

万物を生成した矛《ほこ》と水の呪力

創世神話に登場するイザナギとイザナミの結婚の神話は、この二神が天《あま》つ神に命じられて「国生《くにう》み」「神生み」を行うことが最大のテーマになっています。そこにうかがえるのは、ものを新たに創り出す生成の呪術です。

最初の「国生み」で、天《あめ》の浮橋《うきはし》に立ち、二神で協力して天の沼矛《ぬぼこ》で海水をかき回してオノゴロ島を生みます。矛や水は、古くから生成力を象徴する呪物とされます。また、二神はオノゴロ島に結婚のための神聖な天の御柱《みはしら》を立て、その周りをまわって契りを結んで大八島《おおやしま》（日本の国土）を生み、つづいて多くの神を次々と生みます。天の御柱は、生成の呪術で重要な役目を果たす呪物で、宇宙の中心とか、天と地をつなぐ媒体と考えられています。天の御柱が宇宙のエネルギーを集約することによって、オノゴロ島が国土や万物（それを象徴する神々）の創造の場となったのです。万物の生成という大仕事を成し遂げ、世界を変化に富んだ豊かなものにしたイザナギとイザナミは、今日でも縁結び・結婚・子孫繁栄の神様として広く信仰を集めています。

玉・剣・水から神の子が誕生

アマテラス（イザナギの娘）とスサノオ（イザナギの息子）の高天原《たかまがはら》（神々が住む天上界）における誓約《うけい》（神の真意を問う古代の占い。61・73ページ）の場面では、アマテラスの玉飾りから長男アメノオシホミミを筆頭に五人の男神が生まれ、スサノオの剣から三人の女神（宗像三女神《むなかたさんじょしん》）が生まれます。

これもまた、神の子を生む物実《ものざね》（ものが生じる素材）として使われる玉と剣、さらにそれらを漱《すす》いで清める神聖な水の呪力を用いた生成の呪術に関わる神話です。

天岩戸《あまのいわと》神話の呪物

有名な天岩戸神話の場面は、太陽神アマテラスが岩戸に隠れて世界が真っ暗闇になるという大事件をめぐって、さまざまな呪術的行為が複合的に展開される日本神話のハイライトといえます。

鏡や勾玉《まがたま》、玉串《たまぐし》（神前に捧げる榊《さかき》の枝）、注連縄《しめなわ》、祝詞《のりと》など、今日でも神を祀《まつ》る儀礼に欠かせない呪物をつかさどる神々も登場。それぞれが呪術性を秘めた存在として活躍する姿は、太陽エネルギーの再生を祈る古代の太陽祭祀の儀礼を反映しているといわれています。

天岩戸の前で踊ったアメノウズメは、芸能の起源を象徴する女神として有名ですが、その歌舞の呪力は肉体から遊離する魂を落ち着かせる鎮魂《ちんこん》（「たましずめ」ともいう）の呪術と深く関係しています。鎮魂は魂振《たまふり》ともいい、活力を失った魂を再生し活性化させることを意味します。

歌舞の呪力を操るシャーマンであるアメノウズメは、宮中の鎮魂祭（54ページ）の「招魂の儀」で鎮魂舞踊を担当した猿女君《さるめのきみ》一族の祖先神です。

英雄・スサノオの正体

スサノオが活躍する八岐大蛇《やまたのおろち》退治の神話を、呪術の観点からみてみましょう。まず怪物の大蛇の正体（象徴性と呪力）ですが、八つの頭と尾を持つ怪異な姿は、自然の恩恵と脅威の二面のうちの脅威のエネルギーの象徴です。つまり、人間には制御不能な自然の猛威を表しています。

大蛇の尾から草薙剣《くさなぎのつるぎ》が出てきます。この霊剣は、皇位継承を象徴する「三種の神器《じんぎ》」の一つとして知られますが、そこに隠された呪力は自然の恩恵の側面＝豊穣をもたらす自然のエネルギーにほかなりません。そういう力を秘めた霊剣だから、豊穣を支配する権力者（天皇）の権威と武力を象徴する呪物（神剣）とされたのです。

では、この神話の主人公で英雄神の名を高めたスサノオの正体ですが、本来、スサノオは荒々しいパワーを持った神様で、そこから強力な厄払いの神、防疫の神（祇園《ぎおん》信仰の祭神）とされます。その能力がここでは、農耕の民を苦しめる自然の脅威である大蛇（邪神）を打ち破る呪力として発揮されているのです。

日本呪術の草分けの神

日本で古くから行われていた呪術のことを「禁厭《きんえん》」といいます。日本神話には、禁厭の神＝呪術の神様といわれる神様が何人かいます。

なかでも代表的な存在が、神話の世界の人気者であるオオクニヌシ（オオナムチ）とスクナヒコナの二神です。『日本書紀』には、二神が国作りの事業の一環として「人間や家畜のための医療や鳥獣害虫の被害を防ぐ禁厭の法を定め、今日も人々はその恩恵を受けている」とあります。

この二神は、同時に治病や医薬の祖神でもあります。そこには託宣、卜占、予言、医療（呪医）などを行う古代の呪術者（シャーマン）の役割が反映されているのです。

ところで、神話の中でこの二神よりも先に登場して呪術を披露しているのが、多くの神々にとっての父神イザナギです。『古事記』の黄泉《よみ》の国神話のいわゆる「呪的遁《とん》走《そう》」といわれる話において、イザナギは、死者の国の女王となっていた妻イザナミの率いる鬼の軍勢を、あの世とこの世の境界の黄泉比良坂《よもつひらさか》で、桃の実（魔除けの力があるとされる）によって打ち払ったとあります。そこからイザナギは禁厭の神のはじめともされます。

もう一人、延命呪術の道具である「十種《とくさ》の神宝《かんだから》」を携えて天から降臨したニギハヤヒもやはり「呪術の神様」としてよく知られる存在です（53〜55ページ）。

其の二

神々の持ち物

「神々の持ち物」は魔法のアイテム

日本神話には、神聖な「神々の持ち物」が数多く登場します。それらは現在でもその呪力が信じられている、日本の伝統的な魔法のアイテム（呪宝《じゆほう》）といえるものです。神々の持ち物は、神宝《しんぽう》（かむたから、かんだから）、呪宝、瑞宝《みずたから》とも呼ばれますが、基本的には神話で神が用いたり身につけたりしている一切のものに及びます。それらには、持ち主の神の霊力が宿るとされ、神の霊力＝超自然的な力が宿る呪物（依り代）として利用されるのです。

神話に登場する神々の持ち物を大別すると、次のようになります。

①神聖な存在の象徴：太陽を象徴する鏡、権威を象徴する剣など。
②神の姿を飾る宝飾品：玉（髪・首）飾り、腕輪、櫛、帯、布（比礼《ひれ》）など。
③神が用いる道具類・武器類：神の乗り物（船）、琴、笛、杖、矛、剣、弓矢など。

④祭具（宗教儀礼の用具）：矛、剣、弓矢、玉、鏡、木綿、杖、燧臼《ひきりうす》・燧杵《ひきりぎね》など。
このようなアイテムを利用すれば、誰でも神様と通じることができ、その力を引き出せると考えられました。

もちろん呪物によってパワーの強弱があります。なかでも強い呪力で知られるのが、鏡、剣、玉、弓矢です。

破邪と浄化の呪物「三種の神器」

日本神話の代表的な呪宝として有名なのが三種の神器と「十種の神宝」です。神器とは、神に通じるための神聖な道具であり、古代においては祭政一致のシンボルでした。

三種の神器は、鏡・玉・剣の三点セットの神宝で、地上を統治する王であることの神璽《しんじ》（天皇の印）であり、現在も皇位継承のときの天皇の位を示す重要なシンボルです。

神話では、天孫ニニギが天降《あまくだ》る際に、高天原の主宰者で祖母のアマテラスが、地上の統治権や王家（皇室）設立をバックアップするための強力な呪物として三種の神器を授けました。

まず鏡は、天岩戸の前で鏡造の神イシコリドメが作った八咫鏡《やたのかがみ》です。そもそも鏡は古代には農耕の守護神である太陽神を祀る重要な祭具でした。つまり、この霊鏡は太陽神アマテラスの御霊代《みたましろ》（依り代）であり、呪具としては主に権威や皇位を象徴する霊力を象徴するものです。

玉は、やはり天岩戸の前で玉造の神タマノオヤが作った八尺瓊勾玉《やさかにのまがたま》です。父神イザナギが、アマテラスに高天原を治める印として授けた玉の首飾り（御倉板拳《みくらたな》の神）の逸話に通じることから、農耕の生産力（豊穣）と統治権を象徴するものと考えられています。

剣は、草薙剣（別名：天叢雲剣《あめのむらくものつるぎ》）といい、スサノオが八岐大蛇の尾から取り出してアマテラスに献上したとされる霊剣です。のちに、ヤマトタケルが振るったことでも有名です。

その呪力の本質は、大蛇退治（自然の脅威の制御と正常化）にちなんだ破邪と浄化ですが、霊剣のそもそもの持ち主であるスサノオの武神・戦神としての性格に通じる軍事力が背景にあります。

死者を蘇らせる「十種の神宝」

十種の神宝は、死者をも甦らせるパワーを持った呪具セットで、漫画『呪術廻戦』の登場人物・伏黒恵《ふくぐろめぐみ》が使う術式「十種影法術《とくさのかげぼうじゅつ》」の元ネタになっているということで、最近よく知られるようになりました。

十種の神宝の名は記紀にはなく、平安前期の歴史書『先代旧事本紀《せんだいくじほんぎ》』にのみ記されています。それによると、物部《もののべ》氏の始祖で呪術の神とされるニギハヤヒが、アマテラスから授かった十種の神宝を携えて天《あめ》の磐船《いわふね》に乗って大和に天降ったといいます。

その神宝は、瀛津鏡《おきつかがみ》、辺津鏡《へつかがみ》、八握剣《やつかのつるぎ》、生玉《いくたま》、足玉《たるたま》、死反玉《まかるがえしのたま》、道反玉《ちがえしのたま》、蛇比礼《へびのひれ》、蜂比礼《はちのひれ》、品物比礼《くさぐさのもののひれ》の十個で、大別すれば鏡二種、剣一種、玉四種に、比礼（首にかける布）三種がプラスされた構成です。いずれも古代においては重要な呪具として用いられました。

個々の呪力については一切説明されていませんが、次のように推測されます。

- 瀛津鏡・辺津鏡：物事の真の姿を映しだし、それを繁栄させる力。
- 八握剣：邪悪なものを退ける力。

- 生玉：生き生きとした生命力をもたらす力。
- 足玉：正常な状態を充足し、魂を安定させる力。
- 死反玉：死者を蘇らせて魂を呼び戻す力。
- 道反玉：遊離しようとする魂を肉体に返し鎮める力。
- 蛇比礼・蜂比礼：人を害する蛇や蜂の邪悪を祓い、癒す力。
- 品物比礼：あらゆるものを清める力。

これらの呪宝の使い方ですが、天降るニギハヤヒに対してアマテラスが、「もし病にかかって痛むところがあったら、この十種を一《ひと》、二《ふた》、三《み》、四《よ》、五《いつ》、六《む》、七《なな》、八《や》、九《ここの》、十《たり》といって打ち振れば、死者も蘇るでしょう」（『令義解《りょうのぎげ》』）と、教えたとあります。

霊魂を鎮め、生命力を再生

十種の神宝を用いた呪法は、古代においては宮廷祭祀で天皇の健康長寿を願う鎮魂《ちんこん》祭《さい》（「たましずめのまつり」ともいう）として行われました（188ページ）。

鎮魂は、神道では肉体から遊離しようとする霊魂を鎮めて体内に留《とど》まらせること、すなわち生命力の再生を意味します。

『先代旧事本紀』によると、ニギハヤヒの息子で物部氏の祖先のウマシマジが大和で即位した神武天皇に十種の神宝を献上し、天皇、皇后の健康長寿を祈ったといいます。この呪術祭祀の形態が、のちの宮廷における鎮魂祭の起源とされています。

その後、十種の神宝を管理していたのは、大和政権において、軍事とともに鎮魂祭や大嘗祭《だいじょうさい》などの重要祭祀を担当していた有力豪族の物部氏です。その総氏神だった奈良の石上《いそのかみ》神宮は、宮中に置かれていた十種の神宝を移し祀ったのが起源とされており、その鎮魂祭（十一月二十二日）の神事では、十種の神宝にちなむ秘儀が今も伝えられています。

其の三

禊《みそぎ》と祓《はら》い

「禊」の起源はイザナギ

禊祓いは、神道で最高に重視されている儀式で、穢れを排除して心身を浄化し、生き生きとした生命力を取り戻す再生呪術の一種です。

禊の起源は、黄泉の国から死の穢れにまみれてこの世に戻ったイザナギが、海に入って禊をして穢れを漱いで（洗い流して）、清浄な心身となり、アマテラス、ツキヨミ、スサノオという貴い三人の子（三貴子）を得たという故事に由来します。

禊と祓いは、ふつう「禊祓い」とセットで呼ばれることが多く、実際に浄化の機能としては似ているのですが、本来は別々の意味があります。

禊は、日本で古くから行われていた海水に入って沐浴して身を清める呪的行為に由来します。祓いとの違いは、穢れが身についたときに自らが自主的にそれを洗い流して清める（洗浄）というところです。

それに対して祓いは本来、「払う＝追放」に通じるものです。そのルーツは、高天原神話でスサノオが罪を犯して高天原の神々によって追放される逸話にあります。ここでのスサノオは、世の中の罪悪の元祖です。

その故事にちなんで罪穢れの原因をつくり出した者に対して、「罪を取り去る」ために行われるのが祓い（追放）です。そこから、身に降りかかった罪穢れや災厄を他者の力によって祓うという儀式的な意義が生じたのです。

水には「清め」の呪力がある

禊の行法は、身体を水によって清めることが基本となりますから、「生命の源」である水の神秘的な力なくしては成り立ちません。

ですから、禊は古くから、海や川、湖や池泉に入ったり、井戸の水を浴びたり、滝に打たれるなどの方法で行われてきました。

神道に限らず密教や道教でも、滝行・水行など水垢離《みずこり》と称した行法が行われますが、これも禊祓いの一種で、罪穢れを祓い落として心身を清浄にすることで、新たな生命力が生み出されるとされています。

また、密教や修験道では、洒水《しゃすい》（灑水《しゃすい》）といって、祓い清めた香水《こうずい》を頭頂に注いで煩悩《ぼんのう》や罪穢れを除く儀礼が行われますが、これも水の呪力を用いた禊祓いの一種です。神社の境内に湧き出る水神や龍神のパワーが宿る御神水（御霊水）も、水の呪力で心身の浄化が期待できるものです。

有名な「祓詞《はらえことば》」の呪文

禊祓いに象徴されるように、日本の神道は罪穢れ（不浄）を祓い清める宗教です。「穢れ」は「気枯れ」であり、日々不浄が溜まり続ければ、生命力が減衰し、健康を害したり、さまざまな災厄を招いたりすることになります。

だから日本人は、古くから穢れを祓う呪術的行為をとても重視してきたのです。その作法を儀式化したのが、神事に先立って行う修祓《しゅばつ》です。神社で祭祀を行う前に、神職や参拝者が日頃の不浄を祓い落とすために行う浄化儀礼で、いわゆる「お祓い」のことです。

修祓の祭具は、一般的に大幣《おおぬさ》（榊の枝に麻と紙垂《しで》を垂らした形式の祓い具）・米・塩（塩水・塩湯）などが用いられます。大幣は、祓う対象（人や物）に向かって左右に振ることによって罪穢れを祓うとされています。神主さんが、バッサバッサと振っているのが大幣です。

また、修祓の際に唱えられるのが、浄化の力を持つ神々の霊験によってさまざまな罪穢れを祓い清めてもらう「祓詞」と呼ばれる祝詞です。そう長くもないので、全文を紹介しておきましょう。

掛《か》けまくも畏《かしこ》き伊邪那岐大神《いざなぎのおおかみ》、筑紫《つくし》の日向《ひむか》の橘《たちばなの》小戸《おど》の阿波岐原《あわきはら》に禊祓《みそぎはら》へ給《たま》いし時に生《な》り坐《ま》せる祓戸《はらえど》の大神等《おおかみたち》、諸《もろもろ》の禍事《まがごと》罪《つみ》穢《けがれ》有《あ》らむをば、祓《はら》へ給《たま》い清め給へと白《もう》す事を聞《きこ》し食《め》せと恐《かしこ》み恐《かしこ》みも白《もう》す

要するに、浄化を専門とする神様である祓戸の神の力によってさまざまな罪穢れを祓い清めてもらう期待を込めて奏上する一種の呪文です。

なお祓戸の神（祓戸四神）については、瀬織津比売神《せおりつひめのかみ》、速秋津比売神《はやあきつひめのかみ》、気吹戸主《いぶきどぬしの》神《かみ》、速佐須良比売神《はやさすらひめのかみ》の総称とされます。一般にはあまりなじみのない神様ですが、実は神社で行っているお祓いはこれらの神々の呪力によって成り立っているのです。

其の四

呪文と言霊

運命を左右する言霊の威力

天岩戸神話に、天岩戸の前でアマテラス大神の心を慰める盛大な祭りを行ったとき、アメノフトダマが太い玉串（立派な御幣《ごへい》）を作って捧げ持つと、アメノコヤネが進み出て大神を称え喜ばせる祝福の祝詞を、耳に心地よい声音で高らかに唱えた、という有名な場面があります。

この場面は、言霊信仰のルーツともいわれるもので、言葉が文字として記録される以前の言霊信仰から祝詞が生まれたことを示しています。アメノコヤネは、言霊の神、祝詞の神として信仰される神様です。

言霊とは、言葉に宿る精霊のことです。その言葉が、人の運命や物事の変化、吉凶禍福、広くは世の中の変動までも左右する呪力を持つと信じるのが言霊信仰です。日本では、仏教伝来以前から、聖なる言葉（呪文）や神秘的な音声（言葉の響き）に、超越的な力の存在を感じ取っていました。

古代の日本人は、言葉を神の持ち物であると考えていたようです。記紀神話や風土《ふど》記《き》にみえる、神が発言した言葉通りに物事が現実化したという話はそれを示しています。

言霊信仰を反映した神話としては、神様が行う「詔《の》り別《わ》け」という呪的行為があります。たとえば、アマテラスとスサノオが誓約のとき、生まれた子についてこう宣言します。

「あとから生まれた五人の男神は、私の物実《ものざね》である玉から生まれたのだから私の子です。先に生まれた三人の女神は、お前（スサノオ）の物実である剣から生まれたのだからおまえの子です」

この神話からは、言霊の呪力によって物事や世界をはっきり区分することで、混沌や不安が解消されて事態が安定し、平安がもたらされるという呪術的な効果が読み取れます。

呪文は神様との通信手段

言霊信仰を背景にした呪術やまじないの習俗は、今日でも広く行われています。その際に用いられるのが呪文で、神道の祝詞をはじめ、密教の真言・陀羅尼、修験道・陰陽道で使われる「急急如律令《きゅうきゅうにょりつりょう》」（122・147ページ）などの呪文、民間のおまじないの言葉など、あらゆる形の呪術で用いられます。

そもそも呪文とは、呪力（超自然的な力）を引き起こすと信じられている特殊な単語や決まり文句のことです。神仏や超越的な存在との通信手段であり、機能としては超越的な力の媒体としての働きがありますから、いわゆる呪物に属するものです。

また、呪文そのものに神仏の働き（呪力）が宿るとも考えられています。もっともダイレクトでシンプルな言霊の呪力の利用法、それが呪文です。

祭礼の祝詞も呪文の一種

神社の祭礼で唱えられる祝詞も、言霊が宿る呪文の一種です。

その起源は、天岩戸神話で言霊の神アメノコヤネが唱えた太詔戸言《ふとのりとごと》（立派な祝詞）とされています。現在、神社で唱えられている祝詞は、平安時代に編纂された法律書『延喜式《えんぎしき》』（延長五年［九二七］撰進）に収められた「延喜式祝詞」がもとになっています。

祝詞には多くの種類がありますが、大別すると、定形のものと、祭礼ごとに作り変えられるものがあります。

定形のものには、神事の始めに神職や参列者のお祓い（修祓）を行うための「祓詞」、国や社会全体を祓うための「大祓詞」、新嘗祭《にいなめさい》（その年の実りを神に感謝する古代の収穫祭）や祈年祭、例祭などに奏上される祝詞などがあります。

一方、祭礼ごとに作り変えられる祝詞は、安産、厄除け、合格祈願、病気平癒、地鎮祭、交通安全など、主として臨時に行われる個人祈願に関わるもので、個々の神社の神職が「延喜式祝詞」の修辞法の形式にのっとり、和紙に墨書して作成します。

祝詞の奏上法は、姿勢を正し、呼吸を整え、真心をこめて、丁寧に読み上げるのが正しい作法です。言葉・発声・所作の調和によって言霊の呪力が発揮されるのです。

凶器にもなる言霊の呪力

呪文は、民間では唱え言、おまじないともいわれます。

節分の豆まきの「鬼は外、福は内」は唱え言の一種です。日常生活の中に溶け込んでいる民間の呪文には、悪霊除け、火除け、盗難除け、風・雪除けなど、さまざまな害を予防するものから、風邪・火傷・疣《いぼ》治しなど医療習俗に関連するものまでいろいろあります。

また、言霊にまつわる禁忌として「忌み言葉」があります。

結婚式などのめでたい席で、「別れる」「切れる」などの言葉はタブーとされますが、こうした「縁起の悪い言葉」が忌み言葉です。その場の空気も考えずに発すると、人を傷つけたり、人間関係を危うくするので、これを忌み言葉として嫌うのです。

相手を害することを目的に忌み言葉を意図的に使えば、それはブラック・マジックです。つまり、言霊の呪力をマイナス方向へ発揮することになります。

「口は禍《わざわい》の元」「物言えば唇寒し」などのことわざは、言霊の呪力がともすると相手や周囲への暴力となることへの一種の戒めともいえます。

言霊の呪力は、祭礼ごとの祝詞のようにプラス（善）の方向に発揮されるだけでなく、呪詛の道具などに使われる場合には、逆にマイナス（悪）方向に発揮されます。

日頃から、言葉に呪力がひそんでいることを意識すれば、うかつに言葉を発して相手を傷つけて知らないうちに恨みを買ったり、仕事で失敗するといった災厄を防ぐことができるでしょう。

其の五

神々の呪詛事件

神様はなぜ呪うのか

『古事記』『日本書紀』の神話には、神の世の出来事として、呪い・呪詛に関する言葉やエピソードがいくつも出てきます。

そこでは、呪詛に関わる言葉として、呪うことを指す「のろひ」「とこう（詛う）」、呪いの道具を指す「とこいと（詛戸）」などがみられます。平安時代成立の漢和辞書『類聚名義抄《るいじゅみょうぎしょう》』には、「呪詛」の読みとして「ノロヒ　トコフ」と併記していて、どちらもほぼ同義と考えられていたことがうかがえます。

また、「呪《のろ》」の字義は「呪罵《じゅば》」ともいいます。文字通り「呪う」と「罵る《ののし》」が合わさった言葉で、そこから、呪いは「罵る」から派生したとされます。「罵る」とは、「非難して怒鳴る」「口汚く声高に悪口を言う」といった意味で、後述のイザナギとイザナミが発した「日本最古の呪いの言葉」などはまさにそのイメージにぴったりです。

それにしても、神聖な存在である神様が、なぜ呪いの言葉などを発するのでしょうか。こうした疑問も含めて、神話の中の神々の呪詛法を探ってみたいと思います。

以下に紹介する話は一般にもよく知られているもので、いわば神々による呪詛事件の代表的なものです。

日本最古の呪いの言葉

イザナギとイザナミの夫婦神が、黄泉の国のあの世とこの世の境界で行った呪詛合戦で、夫婦の決別宣言として二神それぞれが発した激しい言葉は、日本最古の呪いの言葉とされています。

『古事記』の黄泉の国神話では、死んだ愛しい妻のイザナミを追ってイザナギが黄泉の国に行きます。そこで黄泉津大神《よもつおおかみ》（死者の国の女王）となった妻の腐乱した死体に、蛆《うじ》や雷神が発生した醜い姿を見たイザナギは逃げ出します。するとイザナミは「恥をかかせた！」と怒り狂って後を追い、二神はこの世とあの世の境界にある黄泉比良坂の境界を塞ぐ巨石を挟んで対峙《たいじ》しました。

そしてイザナミが、「これからは地上の人間を一日に千人殺すことにする」と呪いの言葉を発すると、イザナギが「それならば私は一日に千五百の産屋《うぶや》を建てよう」と呪言を返して、縁切りの宣言をしました。

このときのイザナミの呪詛によって、人間に寿命があることになったのですが、それに対抗したイザナギの呪術によって、人間の社会は常に死者よりも生者の数が多くなったということです。

国譲り神話にみる「矢」の呪力

『古事記』の国譲り神話では、高天原の使者として地上に派遣されたアメノワカヒコが、オオクニヌシの跡を継いで自ら地上の支配者になるという野心を抱きます。

その疑いを問いただすために、天つ神が使者として雉《きじ》の鳴女《なきめ》を地上に送りますが、アメノワカヒコは高木神《たかぎのかみ》から授かった神聖な弓矢で雉の鳴女を射殺してしまいます。

するとその血のついた矢が、そのまま高天原まで届いて反逆の意志が発覚。高木神が「天若日子《あめのわかひこ》、この矢に禍《まが》あれ（反逆心を持つ者にこの矢が必ず災いを与えよう）」と呪文をかけて投げ返すと、矢は朝の床で寝ていたアメノワカヒコの胸を射抜き、殺してしまいます。

『日本書紀』には「返し矢恐るべし」と記されている有名な話で、呪文が発揮する強烈な呪いの力を示す神話です。

人間の寿命を縮めた醜女《しこめ》の呪い

『日本書紀』の日向《ひゅうが》神話にある「磐長姫《いわながひめ》の呪い」は、男に捨てられた醜女の娘が、美女の妹を男が選んで妻としたことを恨んで呪いの言葉を発するという話です。

神話では、国《くに》つ神《かみ》（天孫降臨以前から地上に存在した神）のオオヤマツミは、天孫ニニギに永久不変の生命を象徴する岩石の神イワナガヒメと、美しい木の花の神コノハナサクヤヒメの姉妹を妻として差し出しますが、姉のイワナガヒメだけが醜かったため帰されてしまいます。

それを恥じて恨んだイワナガヒメが激しく呪ったため、「人間の寿命が短くなった」といいます。また、『古事記』には「天皇の寿命が短くなった」と記されています。

呪いの倍返し「呪詛返し」

呪詛は、かけられる側が一方的に受けるだけでなく、ときには相手の呪詛に対抗する呪詛を仕掛けて撃退することができるもので、これを呪詛返しといいます。

呪詛返しといえば、陰陽師の安倍晴明が、呪いをかけてきた相手に対して、より強力な呪いをかけ返して殺す、という話が有名です。これは、神話の中でもみられる呪術です。

先に紹介しましたが、『古事記』の黄泉の国神話で、逃げるイザナギを追いかけてきた黄泉の国の鬼神（イザナミの呪詛を象徴）を、イザナギが桃の呪力によって退ける場面も、呪詛返しの一種です。

また、『古事記』中巻の「イズシオトメと兄弟の賭け」の話では、約束を守らなかった兄を恨んだ弟が呪詛したため、兄は八年間も苦しみ続けます。しかし、かつて弟が呪詛に用いた竹・塩・石を取り除くと、弟の呪いは解かれたといいます。

つまり、呪詛に用いた呪物を取り除き、その呪力を無力化することで、呪詛による呪縛状態から解放されたのです。

呪詛返しは、密教や修験道でも行われますが、そもそも呪いをかけてきた相手に、さらに強い呪いを返すわけですから、よほど修練熟達した術者でないと危険をともなうといわれます。

其の六

神話の中の占い

占いも呪術の一種

卜占・占いとは、神意を読み解いて、人の運勢や物事の吉凶、将来のなりゆきを判断・予言するための方法ですが、これも呪術の一手法ということができます。科学重視の現代においても、占いはとても身近で人気の高い呪術といえるでしょう。

日本には、古くから人の行為の正邪、罪の白黒、物事の成否や吉凶などを、占いによる神の裁定にゆだねるという信仰がありました。そのため、何を行うにも神意を問い、託宣を得るための占いが行われました。

古代社会において、とりわけ重視されたのが豊作・凶作の占いで、その際に行われた方法が古代占術を代表する「太占《ふとまに》」です。

太占は、獣骨を焼いてその罅《ひび》の入り具合で占うもので、鹿の肩甲骨を用いる鹿卜《ろくぼく》や亀の甲羅《こうら》を用いる亀卜《きぼく》などがありました。

『古事記』では、イザナギとイザナミの結婚でヒルコという不出来な神が生まれましたが、失敗の原因を太占によって占い、その神意に従って婚姻の儀式を正しくやり直したところ、それ以降は順調に多くの自然神を生んだと書かれています。

古代の占いは国が管理

天岩戸神話ではアメノフトダマが、天の香具山《あめのかぐやま》の雄鹿の肩骨を焼いて（鹿卜）、岩戸に隠れた太陽神アマテラスを導き出す計画（隠れた太陽の再生）の成否を占ったとあります。

アメノフトダマは、占い・祭具の元祖とされる神様で、中臣《なかとみ》氏とともに古代朝廷の卜占・祭祀をつかさどった忌部《いんべ》氏の祖神です。

古代の占いは国によって管理されていました。国の経済基盤に関わる重大事である農作物の豊凶をはじめとして、国家的な重要事項の決定などの判断も、ほとんど占いによって行われていたのです。

一方で、民間においても、その年の天候や作物の豊凶が占われ、それが今日の年中行事の年占などの慣習の源流となっています。

残酷な呪術裁判「盟神探湯《くかたち》」

太占とともに、古代占術の代表的なものが盟神探湯です。

この占い法は、いわゆる神判《しんぱん》（神の意思を受けて行う裁判）の一種で、誰かの行為の正邪（罪の有無）や、発言した言葉の真偽が、どちらかとも決めかねるようなときに行われます。

『古事記』の允恭紀《いんぎょうき》に記述がみられますが、それは神に誓約したうえで疑われた当事者が手を熱湯に浸けて、手がただれたら有罪、無事なら無罪とする、という呪術的な裁判法です。

火傷の有無で判決を下すという原始的で過酷な方法だけに、その後、途絶えたようですが、室町時代に復活して湯起請《ゆぎしょう》（湯立《ゆだて》）とも呼ばれました。

さらに江戸時代にも、焼いた鉄を手に持つ鉄火起請《てつかぎしょう》という形で行われ、犯罪の被疑者の罪の有無や村々の争いなどさまざまな場合の解決法として用いられました。この場合の「起請」とは、神仏にかけて誓うという意味です。

神の裁定にゆだねる「誓約」

古代において、ある行為の成否あるいは物事の正邪、吉凶の判断を神に問い、神託を受けて行動の指針（意思決定の手段）とするために、「誓約」という占いがしばしば行われました。

記紀神話のよく知られる誓約の場面といえば、高天原の天《あめ》の安河原《やすのかわら》におけるアマテラスとスサノオの誓約です。ここではスサノオの行為の正邪について二神の間で占いが行われ、アマテラスの玉とスサノオの剣から生まれた子どもの性別によってあらわされた神判により、スサノオの潔白が証明されます。

また、『日本書紀』には、神功皇后《じんぐう》が新羅《しらぎ》出兵に先立って、筑紫の香椎宮《かしいのみや》で髪を解いて海に入り、大事の成否を占う場面があります。そのとき「私は海水で髪をすすぎますが、もし霊験があるならば、髪はひとりでに分れて二つになりますように」と言って髪をすすぐと、「髪はひとりでに分かれた」と記されています。これも誓約の一種です。

神話の誓約にあるような、神の裁定にゆだねる古代の占いの方法は、今日においてもさまざまな神事や民俗的な風習に伝わっています。

其の七

神道・古神道系の呪物

神社の祭具も呪物の一種

『古事記』の天孫降臨神話には、天孫ニニギが天降るとき、アマテラスはアメノコヤネ・アメノフトダマ・アメノウズメ・イシコリドメ・タマノオヤの五神に随伴して天降り、「葦原中国《あしはらのなかつくに》（地上の世界）で、それぞれ分担して大事な役目を果たしなさい」と命じたと記されています。

天孫降臨神話は、天皇即位の際の大嘗祭と深く関係していることは通説となっています。大嘗祭とは、天皇の即位後初めて行われる新嘗祭のことで、今日でも神社の重要な例祭となっています。

随伴神の五神（五伴緒神《いつとものおのかみ》）は、いずれも地上において、宮廷祭祀の各部門を担当する氏族の祖神となりました。アメノコヤネは祝詞の神、アメノフトダマは占い・祭具の神、アメノウズメは歌舞の神、イシコリドメは鏡造の神、タマノオヤは玉造の神とされ、五神は神祭りの祭具一式を象徴しています。

その祭具は、宮廷祭祀の形態が民間に広まり、現代の神社における御神体の鏡や玉、御幣や玉串、祝詞、巫女舞《みこまい》（神楽）などの神祭りの道具として脈々と伝わっています。

このように、現在、神社の神祭りで用いる主な祭具は、神様と交信する呪術の道具（呪物）の一種といえます。ほかにも、神道・古神道系の呪術に関わる呪物には多くの種類があります。その代表的なものを、以下、かんたんに紹介しましょう。

「人形」は強力な呪いの道具

多くの呪術で用いられる代表的な道具である人形は、神が依り憑く「依り代」の一種、または人の身代わりという意味で形代とも呼ばれます。

神道系の呪物としての人形は、古代日本人は、本来は祓いの道具であり、神道の基本である禊祓いと深く関係しています。古代日本人は穢れを非常に忌み嫌いました。その理由は、穢れは人の魂に付着し、生命力を減衰させると考えられていたからです。

そこで、古代人は、穢れを清め除去する方法（呪法）をいろいろと工夫したのです。その代表的なものが禊祓いであり、人形を用いた呪法です。

呪術に用いられる人形には、大別して二種類あります。一つは人の身代わり（自分の身についた穢れを祓うため）に用いる呪物（形代）で、これは贖物《あがもの》、撫で物などと呼ばれます。贖物は、神話でスサノオが自分の手足の爪を切って罪をつぐなったことに由来し、装身具や調度、人形などを身代わりとして穢れを移し、川に流します。また、撫で物は主に和紙製の人形で、これで自分の身体を撫でて人形に穢れを移す機能があり、現在の流し雛の原型です。

もう一つは、他人に呪いをかける呪詛の道具としての人形です。古来、厭魅と呼ばれて多用されてきたのがこの呪いの方法です。具体的には、怨念を込めた人形を用いて相手を呪い殺す呪術の一種で、その代表的なものが藁人形を用いる「丑の刻参り」（191ページ）です。

呪物の人形には、紙や藁、草のほか、木（板や棒）、金属、泥、麻などさまざまな素材が用いられます。また、厭魅の法は、神道をはじめ密教、修験道、陰陽道などの宗教宗派や民間においても広く行われています。

弓矢は、世界的にも武力や権威、神の力の象徴とされ、神話でも霊的な力を秘める聖具として重視されています。その邪悪を祓う機能から、古来、穢れを祓う呪術の道具として人形と同様に多く用いられています。

弓の呪力を利用する呪術・まじないを総称して弓祈祷といいます。弓は古代から審《さ》神者《にわ》（霊能者）や巫女が神憑《かみがか》りして神霊をおろし、神託を聞く口寄《くちよ》せ（魂呼《たま》ばい）をするときの呪具です。

呪術用の弓の素材は、白木の梓弓のほかに、桃、桑、卯木、柳などいずれも魔除けの呪力が信じられた霊木が用いられました。

また、妖魔を退散させる呪法として宮中などで古くから行われたのが鳴弦で、弦打とも呼ばれます。弦を弾いてビュンと鳴らすことで呪力が発揮されます。鳴弦は、白木の弓を鳴らして物の怪を除ける方法として陰陽道でも行われます。

弦の音響とともに、矢の飛翔時の響き（音の呪力）を用いるのが蟇目神事です。これは鏑矢が発する蟇蛙《ひきがえる》の鳴き声のような不気味な音が、悪霊を祓い除ける力を持つと信じられたことに由来します。

現在も各地の神社で、弓矢を用いた神事や縁起物が見られます。正月の縁起物の破魔矢も矢の呪力を活用する呪術行為の伝統を引くもので、破魔とは、もともとは悪魔と煩悩を打ち破ることを意味する仏教語です。

神話に登場する「赤色」の意味

日本神話の中で血がドバドバと噴き出す凄惨なシーンがリアルに描かれているのが、イザナギによる火の神カグツチ殺しの場面です。この話は、ほとばしった血から多くの神々が生まれるという、血の生殖力を象徴しています。

神話にしばしば登場する赤色は、第一に真っ赤な血のイメージであり、同時に太陽（日）の色、火の色です。

古代人は、血も太陽も火も生命の根源であり、生命力を活性化する力、生殖力そのものと考えました。同時に、悪霊・邪気を防除する力を持つと信じたのです。

赤は、朱、丹とも書きますが、一般に赤は、情熱や活気、精神的な高揚を表します。『播磨国風土記《はりまのくに》』逸文《いつぶん》に、新羅遠征の神功皇后の軍の船・武具・兵士の衣服などをすべて赤色に塗って出陣したとあります。古代において赤色は魔除け・厄よけの呪力があるとされ、また、矢（丹塗矢《にぬりや》）や剣に塗って雷神の力を得ようとしたのです。

日本には、血を穢れとみる考え方がありますが、これは清浄と不浄の境をはっきり示すという儒教思想の影響を受けて、七〜八世紀以降に広まったものです。それまではむしろ、神話に示されているように、血の赤色が象徴する生命力や魔除けの呪力が重視されていました。

『古事記』には、悪霊・邪気を払うために寝床に赤土をまき散らしたという呪的行為がみられます。現代でも、初宮詣をはじめとするさまざまな人生儀礼の中に、いわゆる「守りの赤」による破邪・退魔を願う呪的行為が伝わっています。

第三章

密教・修験道・陰陽道の呪術

其の一

密教とは何か

密教の呪法は本格的

人気漫画『呪術廻戦』には、真言密教の大成者・空海をモデルにしたとみられる人物（五条悟）が登場し、密教系の術式が陰陽道系や修験道系の術式とともに使われて、幻想的な世界を盛り上げています。

密教は、日本の呪術の特色を集約している仏教の一派であり、密教の教えの実践法である密教修法《しゅほう》は、わが国の本格的な呪法の中心に位置するものです。

密教修法は、霊力を利用して願望を成就させようとする呪法です。大いなる存在（超自然的な存在）と修行者（祈禱者）が同化することで、修行者が人知を超えた宇宙エネルギー（神秘的な力）を操る能力を獲得できるようになり（悟りを得る）、それによって願望が成就されるとされています。

とりわけ重要視されるのが、聖（仏）と俗（修行者）が修行によって同化するという非日常的な宗教体験です。そうした秘儀的な性格が、密教の神秘性を高めるとともに、スピリチュアルやオカルト人気を背景にした静かな密教ブームの要因にもなっているのです。

「現世利益《げんせりやく》」と「即身成仏《そくしんじょうぶつ》」

空海の説く真言密教の特徴はいろいろありますが、その思想の最大の特徴は現世利益と即身成仏です。

密教は、さまざまな現世的願望に対応する現世利益の呪術の組織化であるともいわれますが、その背景にあるのが即身成仏の考え方です。即身成仏とは、現世における生身の肉体を持ったままで悟りを開くことを意味し、修験道の出羽三山で知られるような、生きながらミイラ仏になる即身仏とは異なるものです。

そもそも密教の目標は悟《さと》りを得ることにあります。

その「悟り」について空海は、あの世に行ってから成仏するのではなく、現世に生きている身体のままに煩悩を脱却して悟りを得ることができる、と説きました。それがすなわち即身成仏です。

密教のもう一つの大きな特徴は、現世利益と即身成仏という目的を現実化するための厳格、かつ実践的な儀礼と呪法を持っていることです。

曼荼羅《まんだら》は何を描いているか

日本の密教は、空海による真言密教（東密）と、最澄による天台密教（台密）の二系統に分類されますが、ふつう「密教」といえば真言密教のことを指します。

空海は、インドで成立した『大日経《だいにちきょう》』と『金剛頂経《こんごうちょうきょう》』の二大経典（両部の大経）を体系化し、その思想を日本文化の中に定着させました。

密教では、その大いなる知恵と慈悲の光明によって世界のすべての生命を救済する根本仏（大日如来《だいにちにょらい》）のもとに諸尊が統合されていると説かれ、諸尊はそれぞれが衆生救済の誓願にもとづいて働きを分担しています。

このような宇宙の真理そのものとされる大日如来を中心に、諸尊の役割や働き、また諸尊間の関係などを尊像で展開して図示し、仏の悟りの世界がひと目でわかるように構成したものがいわゆる「曼荼羅（両部（両界）曼荼羅）」です。両部とは、『大日経』の説く密教の理の世界を表す胎蔵界《たいぞうかい》と、『金剛頂経』の説く密教の理の世界である金剛界《こんごうかい》のことです。

諸尊を一図に網羅した曼荼羅は、悟りの境地・宇宙の真理を目に見える形で現したもので、密教修法の基本である身《しん》・口《く》・意《い》の三密行（87ページ）を修し、即身成仏の悟りの境地を得る際の本尊となります。

修法の本尊は多種多様

密教において、諸仏諸尊を念誦《ねんじゅ》・供養するための基本となる方法や規則のことを儀軌《ぎき》といいます。

念誦は、真言や経文を唱えることですが、密教では広く三密行（真言念誦）と理解されます。また供養は、諸尊に対し尊敬の念を込めて経や供物を捧げる供養法のことです。

修法とは、密教で、目的とする願いを達成するために行う祈禱（加持祈禱。100ページ）の方法のことをいいます。これを儀軌にもとづいて仏前に壇を設け、諸尊を祈禱の本尊として招き寄せ、供養法を修し、真言念誦するという形で行います。このときに本尊として祀られる諸尊、すなわち祈禱の対象となるのは、釈迦《しゃか》・薬師《やくし》・弥勒《みろく》・阿《あ》弥陀《みだ》などの如来、不動・金剛夜叉《やしゃ》・降三世《ごうざんぜ》・大威徳《だいいとく》・軍荼利《ぐんだり》・愛染《あいぜん》などの明王《みょうおう》といった顔ぶれです。

他にも、聖天《しょうでん》（歓喜天《かんぎてん》）・荼枳尼天《だきにてん》・大黒天《だいこくてん》・訶梨帝母《かりていも》（鬼子母神《きしもじん》）などの諸天、三宝荒神《さんぽうこうじん》や摩多羅神《またらじん》などの垂迹神《すいじゃくしん》（垂迹＝仏や菩薩が衆生救済のために神の姿で現れること）などがいますが、以上あげた諸尊の役割は、それぞれの誓願（衆生を救うために立てた誓い＝内証本誓《ないしょうほんぜい》）によって異なります。

つまり、それぞれ大日如来の化身として分担する得意分野を持ち、それぞれに衆生のいろいろな願望に対応するわけですから、それだけ儀軌の種類も多くなります。

これも密教修法の大きな特徴の一つですが、同時にそれが一般に密教に対して複雑なイメージを抱かせる要因にもなっています。

ここでは諸尊個々の性格や役割を詳しく説明する余裕はありませんが、とりあえず右に挙げたような名前だけでも知っておけば、祈願する際の予備知識として参考になるでしょう。

其の二

「身《しん》・口《く》・意《い》」三密の行

密教修法の基本

密教の修法（修行）にはいくつかの種類がありますが、なかでもすべての行の基本とされているのが三密の行で、三密加持とも呼ばれます。この加持は、修行者が三密の行により即身成仏することを意味しています。

三密とは、身密《しんみつ》・口密《くみつ》・意密《いみつ》の三つの総称です。

身密は手に印《いん》を結ぶという身体的表現、口密は仏の悟りの言葉である真言・陀羅尼を唱える言語的または音楽的表現、意密は観想（瞑想）により仏の世界を心に浮かべて三摩地《さんまじ》（サマーディ）の境地に入る精神的な働きのことです。

この三密の思想は、仏の悟りをそのまま修行者の身体に具現化しようとするものです。密教では、世界のすべては大日如来の働きであるとされます。人間の身体・言語・精神の三つの働きもその一部であり、仏の働きにほかなりません。

三密加持によって、目的とする願いに対応する特定の本尊と合一したあと、修行者は本尊の呪力によって願いを叶える儀式を行います。これがいわゆる加持祈禱です。

次に、三密のそれぞれの特徴についてみていきましょう。

身密＝印を結んで仏と同化する

「身密は手に印を結ぶという身体的表現」と書きましたが、そもそも「印を結ぶ」というのは、仏の世界（聖）と修行者（俗）を結ぶ（合一させる）ということを意味します。

修行者が、本尊に対して印を結ぶことによって、その尊格と身体的な同化を達成するというのが身密行です。

アニメや映画で、忍者が忍術を使うときに手指を組んで呪文を唱えるシーンを見たことがあると思います。これも印の一種です。手指を組んで一つの形象を表すと神秘的なパワーが発揮されるというのです。

印とは、本来は諸尊の悟り（内証）、誓願、功徳、所作・活動（働き）などを象徴的に形に表したものです。つまり、手ぶりや手指の組み合わせによって仏菩薩《ぶつぼさつ》の種類や特徴を形にしているのです。

この手指の動きは、釈迦が説法や瞑想をしているときのしぐさが元になっているといわれ、印は大宇宙のシンボルであり、手ぶりや両手の十指でありとあらゆる意義を表すとされます。

また、印には生命が宿っていて、宇宙を動かす力を秘めている印もあるといわれています。それは師（阿闍梨《あじゃり》）と弟子の間でのみ伝わる秘伝とされ、決して公開されることはありません。

曼荼羅にはさまざまな印を結ぶ諸尊の像が描かれています。

口密＝真言で仏の力を呼び起こす

真言・陀羅尼を唱えるのが口密です。真言・陀羅尼は、言霊信仰にもとづく呪文（呪句）の一種で、神道の祝詞と同じようなものと考えてよいでしょう。

たとえば、「オン・アビラウンケン・ソワカ」という真言がありますが、これは、真言密教の本尊の大日如来にさまざまな願いの成就を祈る際に印を結びながら唱える呪文すなわち「大日如来の真言」です。

真言は、サンスクリット語のマントラの訳語で、「仏の真実の言葉」あるいは「仏の働きを表す秘密の言葉」を意味します。仏はすなわち宇宙そのものですから、真言は宇宙の真理を集約した聖なる威力ある言葉ということです。

また、陀羅尼は、梵語のダーラニーの音写で、本来、仏の教えを記憶して繰り返し唱えて精神統一するための言葉でした。それが無我の境地（意密＝観想）に至ることを目的とするようになり、真言と同じとされているのです。

真言・陀羅尼とは、仏の世界である宇宙意識（宇宙のエネルギー）や修行者自身の体内に秘められている不思議な力を呼び起こすための呪文と考えていいでしょう。

意密＝瞑想で仏と一体になる

三密のなかでも、一番大事とされるのが意密です。意密は、精神的な働きのことで、その実践的な意味は、精神を集中して本尊の姿を心（意）に思い描き（観想）、それに同化する三摩地の境地をめざすことです。三摩地とは、修行者が精神集中する状態そのものを表すもので、三昧《さんまい》ともいいます。

意密の行のことを「瑜伽行《ゆがぎょう》」ともいいますが、この瑜伽とは、古代インド発祥の宗教的行法のヨガの音写で、瑜伽行の実践において中心となるのが瞑想です。

現代では、ヨガといえば心身の健康法やエクササイズのイメージがありますが、もとは瞑想に入るための宗教的行為であり、三密の一つである意密と同じ源から発しています。

意密の行では、修行者は瞑想を通じて精神を統一し、仏と一つに溶け合い、自らの中の宇宙意識を見出すことを目指します。本格的な意密の行の実践には、各種の法具、仏像や曼荼羅を配置した壇（祭場）の設置など、準備も大変ですし、印の結び方、真言の唱え方、精神集中の仕方なども一般人には簡単にできるものではありません。

しかし、一般人でも仏尊の不思議な力を得ることは可能です。一番大事なのは、ひたすら仏尊を信じて行をすることに尽きるでしょう。

其の三

祈禱修法の呪法

密教呪術は呪術の集大成

密教呪術は、世の中のあらゆる呪術を集大成したものといわれたりします。そんな大げさなと思うかもしれませんが、実際に密教の修法は、国家的なレベルの祈願から個人的なさまざまな願い事に至るまで、とにかく数が多いのです。

真言密教の修法は、日常生活の枠を超えた「即身成仏」を目的とする出世間《しゅっせけん》（超世俗）の修法と、「現世利益」を目的とする世間（世俗）の祈禱修法の二つに大別されます。

悟りを開いて生きたまま仏の境地に達する即身成仏は、厳しい修行を行う必要がありますから、一般人にはほぼ達成が困難です。

対して、現世利益を願う修法は、世俗にある人間の側から祈願の本尊とする諸尊に働きかけるのが特徴で、ひたすら信念することによって、願意を達成することが可能となります。

その現世利益の多彩な祈禱修法は、目的によって以下の四種法に分けられます。

息災法：健康維持、病気やけが、災難や災害を除けるための祈禱法。
増益《ぞうやく》法：商売繁盛や事業の成功など、金運向上と幸福な生活の実現を願う祈禱法。
敬愛《けいあい》法：夫婦和合、恋愛成就、人から愛され人間関係を豊かにするための祈禱法。
調伏（降伏《ごうぶく》）法：生命や生活の安穏を脅かす敵に対する呪詛・呪殺（怨敵退散）、あるいは人間の心に宿る邪気・魔物を祓うための祈禱法。

このうち、息災法、増益法は、古代においては国家安泰のために毎年修せられるようになったいわゆる国家修法で、請雨経法《しょううきょうほう》と孔雀《くじゃく》経法が有名です。

なお、この四種法に鉤召法《こうちょうほう》（本尊を招請《しょうじょう》するための行法）を加えたものを「五修法」といいます。

人を呪わば穴二つ

密教修法のバリエーションの多彩さの一端がうかがえるのが、現世の願意をさらに細分化した七種の法です。私たち人間が抱くほとんどの欲求・願望に対応しているといえます。

その主なものを次に紹介します（豊島泰国著『図説　日本呪術全書』より）。

物欲所望《しよもう》の法……聖天（歓喜天）法、吉祥天《きつしようてん》法、摩利支天《まりしてん》法、大黒天法、毘沙門天《びしやもんてん》法、大自在天《だいじざいてん》法、弥勒法、求聞持《ぐもんじ》法、地蔵法、不動法、愛染法、降三世法、軍荼利法、大威徳法、北斗《ほくと》（妙見《みようげん》）法など。

除災与楽の法……薬師法、釈迦法、聖観音《しようかんのん》法、千手観音法、十一面観音法、白衣観《びやくえ》音法、五字文殊法、般若《はんにや》法、不動法、降三世法、軍荼利法、北斗（妙見）法など。

滅罪成仏の法……阿弥陀法、阿閦《あしゆく》法、釈迦法、如意輪《によいりん》法、虚空蔵《こくうぞう》法、地蔵法、普賢《ふげん》延命《えんめい》法、あるいは人間以外の動物の供養のための馬頭観音《ばとうかんのん》法など。

息災・延命長寿の法……北斗（妙見）法、仏眼仏母《ぶつげんぶつも》法、薬師法、寿命経法、准胝《じゅんてい》法、虚空蔵法、地蔵法、普賢延命法、閻魔《えんま》法など。

生産向上の法……一字文殊《いちじもんじゅ》法、一字金輪《いちじきんりん》法、千手観音法、金剛童子《どうじ》法、薬師法、訶利《かり》帝母《ていも》法など。

請雨・天候自在の法……北斗（妙見）法、守護経法、請雨経法、孔雀経法、後七日御《み》修《し》法、水天法、愛染法など。

呪詛の法……太元帥法《たいげんのほう》、六字経法、六字文殊法、降三世法《ごうざんぜのほう》、軍荼利法、大威徳法《だいいとくのほう》、転法輪法《てんぽうりんほう》など。

なお、呪詛の法に関しては、密教修法の中でも特別修法とされていて、ことわざに「人を呪わば穴二つ」という戒めがあるように、基本的にかける側とかけられる側の両方に危害が及ぶ危険があるため、現在ではよほどのことでない限り行わないことになっています。

其の四

敵を退ける調伏法

「元寇《げんこう》の祈り」で威力を示す

密教修法の中でも中核的なウエイトを占めているものに、ブラック・マジックとしての呪詛呪術があります。それは調伏法、降伏法などと呼ばれる修法で、その目的とするところは、悪霊や怨敵を打ち負かし、呪詛・呪殺するための呪法です。

調伏法は、平安時代以降、国家的なレベルから個人的なものまでさまざまに行われて今に続いています。とくに日本の歴史上でそのすさまじい威力を示したのが、鎌倉時代の二度の元寇（文永・弘安の役）の際に神風を吹かせた敵国調伏の祈禱、いわゆる「元寇の祈り」です。

仏教は元来、平和的なものですから、たとえ怨敵でも、危害を加える攻撃性とは矛盾します。ですから、調伏法もはじめは仏道修行の妨げとなる煩悩の克服が目的でした。仏教において煩悩は、釈迦を誘惑しようとした悪魔にたとえられたからです。

このように、本来の調伏法は、自分を護るために必要不可欠な護身の呪法だったのですが、平安時代末期頃には、もっぱら敵対者を呪詛する攻撃的な調伏が中心となりました。

その変化の背景としては、平安時代の御霊信仰があげられます。不幸な死に方をした人の御霊（怨霊）がもたらす祟りや物の怪、病魔などの恐怖に脅えた貴族階級が、その呪いを封じる神秘的な呪力を密教の調伏法に求めたのです。

五大明王の代表格・不動

密教の調伏法は、主に五大明王、あるいは五大尊と呼ばれる諸尊を本尊として行われます。

五大明王とは、不動明王、大威徳明王、降三世明王、軍荼利明王、金剛夜叉明王のことです。如来の化身とされる五大明王は、両界曼荼羅の中央に位置していて、密教で最上級に位置づけられている仏です。

五大明王は五忿怒《ふんぬ》とも呼ばれるように、いずれも恐ろしい忿怒の形相で、武器を手に火炎を背負い、髪を怒りに燃えて逆立たせ（焔髪《えんぱつ》）、如来の化身として悪魔を破砕します。いかにも悪霊、怨霊、物の怪など、人間を脅かす異界の魔物を撃退してくれそうなイメージです。

その中でも不動明王は、真言密教の本尊である大日如来の化身とされ、明王の代表格です。そのため、五大明王のなかでも最初に不動明王を本尊とする不動法が、息災と調伏を兼ねる修法として行われました。

平安時代中期の平将門《たいらのまさかど》の乱のときに、朝廷が不動明王を本尊とした大がかりな調伏の修法を行い、その結果、乱が平定されたという話はよく知られています。

不動明王をはじめとして、五大明王は、調伏の目的と効験への期待度によって使い分けられます。

以下、霊験が強いとされる主な調伏法をいくつか紹介しておきましょう。

●五壇法《ごだんのほう》（五大明王法）

平安時代には五大明王をグループで信仰することが流行し、修法用の壇を連ねて五尊を同時に祀ることにしたのが五壇法です。中央壇に不動、四方の東壇に降三世、南壇に軍荼利、西壇に大威徳、北壇に金剛夜叉の各明王を安置。物の怪の調伏・出産祈願などのために使われます。天皇・貴族階級に重んじられ、国家の重大事の際にも大がかりで修せられました。

●太元帥法

悪獣・外敵などの難を除くとされる太元帥明王を本尊とする呪法で、密教の究極の調伏法（大秘法）といわれ、主に鎮護国家、敵軍降伏を目的に修されます。極めて霊験が強いことから、誤って修すると逆に危難が降りかかるとされます。

●大威徳法

もっぱら戦勝祈願で修された効験の高い人魔調伏法。悪魔降伏、怨敵の呪詛・呪殺にすぐれ、呪われた相手は血を吐き病み衰えて、ついには死に至るといわれます。男女離愛（不和離別）、悪縁や魔縁を断つにも効果があります。

●降三世法

過去・現在・未来の三世にわたり人間の善心を損なう貪《とん》（貪欲）・瞋《じん》（怨み怒る）・癡《ち》（自己中心的な愚《おろ》かさ）の三毒を降伏する降三世明王を本尊とする呪法。人形に悪人の名前を書き、真言を唱え、砂を投げつけ、最後に焼くと人魔は衰え、死に至ります。

其の五

加持祈禱と護摩《ごま》法

仏の守護力を引き出す加持祈禱

加持祈禱とは、一般に病気や災難などをもたらす邪悪を祓うために、神仏の加護を求め、現世利益の達成を祈ること、またはその儀式を行うことをいいます。

ただし、加持祈禱という術語は密教の専門用語ではなく後世の造語で、密教では加持と祈禱の二つの語句はそれぞれ異なる意味を持っています。

『広辞苑』では、加持について「①仏が不思議な力で衆生を加護保持すること。仏の慈悲と行者の信心が一体となり、仏のはたらきが実現すること。②災いを除き願いをかなえるため、仏の加護を祈ること。印を結び真言を唱える。」とあります。

密教では、加持＝加護であり、「加」は仏の慈悲心が常に衆生に注がれていること、「持」は信者が仏の慈悲心をよく感じ取り所持することを意味します。この二つが相互に関わり合うことにより、仏の不可思議な守護力が引き起こされるというのが、すなわち「加持」なのです。

一方、祈禱は、仏の霊験や現世利益の達成を言葉で伝えて祈る行為そのものをいいます。

真言密教の実践の際に、修行者は印を結び（身密）、真言を唱え（口密）、精神を集中することよって仏と合一し（意密）、不思議なパワーを操る能力を獲得することになり、これを三密加持といいます。

護摩法は密教修法の花形

密教の加持祈禱で、もっともよく用いられている花形的な修法が護摩法です。火を用いる呪術というインパクトの強さから、一般にもよく知られています。

これは、本尊の前に炉のある壇（護摩壇）を置き、儀軌に従って護摩木（薪《まき》）を焚《た》き、火中に供物を投じて供養する修法です。護摩法では如来、菩薩、明王などの諸尊を招請します。

護摩とは、サンスクリット語の「ホーマ」の音写語で、「捧げる」「生贄《いけにえ》」といった意味で、古代インドのバラモン教では、火中に供物を投げ入れて天上の神々に捧げる儀式を意味しました。

その火の儀式を密教に取り入れたのが護摩法で、炉で焚かれる薪を煩悩、燃える火を仏の智恵の象徴とし、智恵の火（智火）で煩悩を焼き尽くすことを目的としています。

つまり、護摩法は、単に供物を捧げて願望成就を祈るだけではなく、行者自身が内面を浄化して悟りの境地をめざす修行でもあるのです。

護摩を焚く目的には大別して息災護摩、増益護摩、調伏護摩、敬愛護摩の四種がありますが、ふつうは災害除け・無病息災を祈る息災護摩、延命長寿・商売繁盛など幸福を倍増させる増益護摩が中心になっていて、一般人には一番身近な修法といえます。

その目的によって、行者が座す方角、炉の形や色、焚く木、供物などの種類も異なります。

なお、護摩壇の形はふつう四角形ですが、調伏の修法の護摩壇は三角形（三角壇）とされ、息災では円形、敬愛では蓮華形もあります。

「宿儺《すくな》」のモデルは不動明王？

漫画『呪術廻戦』に登場する最強最悪の呪いの王・宿儺《すくな》の術式のモデルは不動明王ともいわれます。その理由は、宿儺の切断・斬撃の能力、火炎を操る能力が不動尊の験力《げんりき》を連想させるからです。

不動明王は日本の密教で一般的な本尊とされ、不動明王の修法といえばもっぱら護摩が中心になっています。

不動明王の座像は、激しく燃え上がる火焔を背に、右手に降魔《ごうま》の剣、左手に邪悪なものを縛る縄（羂索《けんさく》）を持ち、悪魔を恐怖させる姿で瞑想の境地に入っていることを表しています。その不動明王の本性を示す姿を火生三昧《かしょうざんまい》といいます。

手にする剣はすべての人々のあらゆる迷いを断ち切り（煩悩消滅・悪縁切り）、悟りの世界へと導く力を象徴するものです。そして、背中の炎こそ火生三昧の象徴であり、煩悩や災厄を焼き尽くす火、悟りの智恵の火を表します。そこから、不動明王には火の儀式である護摩がもっともふさわしいとされているのです。

不動明王の護摩法の効能は、あらゆる願望の成就をカバーしますが、とりわけ怨敵調伏、勝負必勝、立身出世、商売繁盛などの霊験あらたかとされます。

其の六

修験道の呪術

修験者のヒーロー・役小角《えんのおづぬ》

修験道を象徴する存在として、とくに有名なのが「日本最古にして最強の呪術師」といわれる役小角です。別名を役行者《えんのぎょうじゃ》、神変《じんぺん》大菩薩とも呼ばれ、日本の正史『続日本紀《しょくにほんぎ》』にも残る実在の人物です。

修験道の開祖として山伏（修験者）たちに崇められる小角は、各地の霊山に多くの奇跡伝説を残しています。「二匹の鬼を弟子として従え、空中を飛行した」と伝わり、現代でもファンタジー系のアニメや漫画にしばしば登場します。

修験道の「修験」とは、「修行して霊験を顕《あらわ》すこと」を意味します。修験道は、日本古来の山岳信仰をベースとして発展し、一つの宗教体系として形成されたのは平安時代末になってからでした。

その後、中世から近世にかけて、山伏の集団化と寺社による組織化が進行し、室町時代中期以降には、即身成仏を本旨とする密教思想を中心に、神道や道教などの思想を取り入れました。

近世には、江戸幕府の『武家諸法度《しょはっと》』によって、それまで全国各地の霊山を遊行《ゆぎょう》していた山伏たちは、真言宗醍醐《だいご》系当山《とうざん》派と天台密教系本山派のいずれかに所属することになり、それにともなってさまざまな教義書が流布したことで儀礼も整いました。

山伏が世間に呪術を広めた

修験道を担ったのは、山岳修行で厳しい修行を積んで山の持つ不思議な霊力（験力、神通力《じんつうりき》）を得た山伏たちです。

忍者のルーツともいわれる彼らの姿は、修験道の発展とともに、霊山に棲《す》む山霊で不思議な力を持つとされる天狗《てんぐ》と同一視されるようになりました。日本人にはとてもなじみのある天狗の姿は、山伏の装束からイメージされたものです。

山伏は、ただ山で修行するだけでなく、里に下りて盛んに活動し、祈禱などの呪術能力を発揮してさまざまな祭礼行事に積極的に関わりました。

さらに近世になって町や村に定着した山伏は、調伏・憑き物落としなどの加持祈禱、さらに吉凶運勢の卜占、悪霊や病魔退散、予言、まじないなど、多種多様な呪術宗教的な儀礼にもたずさわるようになりました。こうして、庶民の生活の中に呪術が浸透し、今日の日本の呪術文化の形成に大きな影響を与えたのです。

山伏たちが行った宗教儀礼は、密教や陰陽道から取り入れた行法を簡素化し、目的に応じて適用するという実践的な呪術でした。

修験道独特の呪術

修験道の祈禱は、行法としては密教の三密の行とほぼ共通していて、修法者が印や真言を修して本尊と同化し、守護や除魔を祈るという形が基本です。

祈禱の目的は、除災招福を行う息災法、悪魔や怨敵を降伏させる調伏法、病気をもたらす邪神・悪霊・生き霊・死霊・動物霊を祓う憑き物落とし、巫者（霊媒）に神霊を憑依させて託宣する憑祈禱《よりぎとう》、暦・九星・占筮《せんぜい》（筮竹《ぜいちく》の卦《け》による吉凶の判断）による卜占など多種多様にわたります。

また、修験道の呪術では、神仏のほかにもさまざまな霊的存在をコントロールする秘術を駆使してきたことも知られています。

修験道の呪術は、火を用い、激しい呪文を唱えるのが特徴です。それを象徴するのが、護摩供《ごまく》すなわち修験道護摩祈禱法です。

護摩供とは、戸外に木の壇を組み、火を焚いて真言を唱え、不動明王や大日如来、火の神、龍神などさまざまな神仏の降臨を念じ、願いの達成を祈る儀礼です。願い事を書き込んだ護摩木を炉に投げ込んで焚き上げた際、その炎と煙が天上に至ることで願いが叶うとされています。

護摩の本尊は、不動明王をはじめ、役小角が感得した蔵王権現《ざおうごんげん》（蔵王菩薩）、金剛童子などですが、とくに病気祈禱には千手観音、十一面観音、薬師如来、普賢延命菩薩などを本尊として勧請《かんじょう》することもあります。

修験道の呪術は、密教的なものがほとんどですが、修験道独特の護摩法としては、先ほどの護摩供や、野外で焚く大がかりな柴燈《さいとう》（採燈）護摩、室内で燃やす天蓋《てんがい》護摩、鳴り護摩（鳴動式《めどうしき》）などがあります。鳴り護摩とは、釜の上に米を入れた甑《こしき》（樽《たる》）を乗せて、沸騰する音と蒸気で邪気を祓い清めるという祈禱法です。

其の七

修験道の調伏法

戦国武将が好んだ呪術

海外でも人気のある忍者ですが、その元祖は修験道の開祖・役小角とされています。実際に忍者や忍術のルーツを探っていくと、修験道を担った山伏の存在や彼らが行った呪術にあることがわかります。

忍者が活躍した戦国時代には、修験道の呪術が戦国武将の戦勝祈願のために大いに用いられました。とくにこの時期に盛行したのが、武家の戦勝祈願に対応した武具加持・刀加持・弓箭《きゅうせん》加持です。神仏の守護を得て、兵士の持つ武器や武具に、戦闘で敵を打ち破るための超自然的な力を与えることが目的でした。

これらの呪術とともに、戦国武将たちに利用されたのが、密教の呪法をより強力にした修験道の調伏法です。その代表的なものをみていきましょう。

魔除けのバリア―「九字法《くじほう》」

アニメや映画で、呪術を使う登場人物が、「臨《りん》・兵《びょう》・闘《とう》・者《しゃ》・皆《かい》・陳《じん》（陣）・列《れつ》・在《ざい》・前《ぜん》」と唱えながら、指を立てて縦横に振る場面をよく見かけます。これは修験道の九字法の呪文（真言）です。

九字法は、修験道でもっともよく知られている密教系の調伏法の一つです。すべての悪魔を降伏退散させ、災難を除く呪力があるとされる修法で、護身法であるとともに非常に有力な調伏法として、平安時代から現代まで伝わっています。九字の呪文は、道教で神仙術を説く際に用いられた晋の葛洪《かっこう》著『抱朴子《ほうぼくし》』に由来するもので、のちに日本で密教や修験道にも取り入れられました。もとは修験者が山岳の霊場に入る際に、修行の妨げとなるもの一切を除く護身術とされました。それが次第に怨霊の祟りを祓い、怨敵を打ち破る調伏法として活用されるようになったのです。

九字法を修することを「九字を切る」といいますが、その方法には、「臨・兵・闘・者・皆・陳・列・在・前」と唱えながら刀印《とういん》を結んで九字を切るものと（図2）、「臨・兵・闘・者・皆・陳・列・在・前」のそれぞれに対応する真言の九字の印（図3）を使用して行う方法の二つがあります。

図2　九字を切る方法と刀印の結び方

[九字の切り方]

九字をひとつずつ
唱えながら、
横→縦の順に
横五本、縦四本の
線を書く。

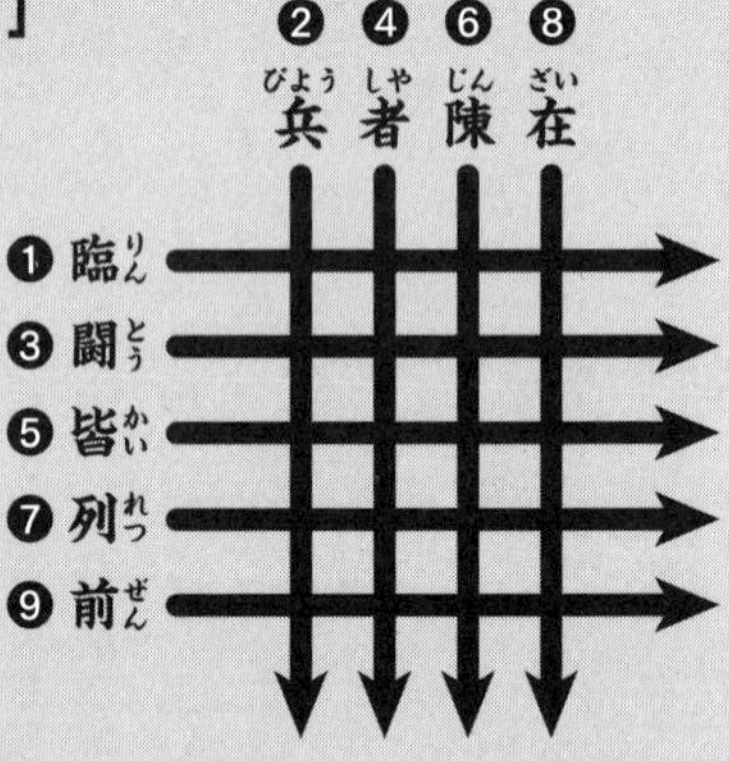

[刀印の結び方]

右手の人差し指と
中指を立てる。

※刀印を結び九字を唱えながら
切る方法（早九字護身法）

図3　九字の印の結び方

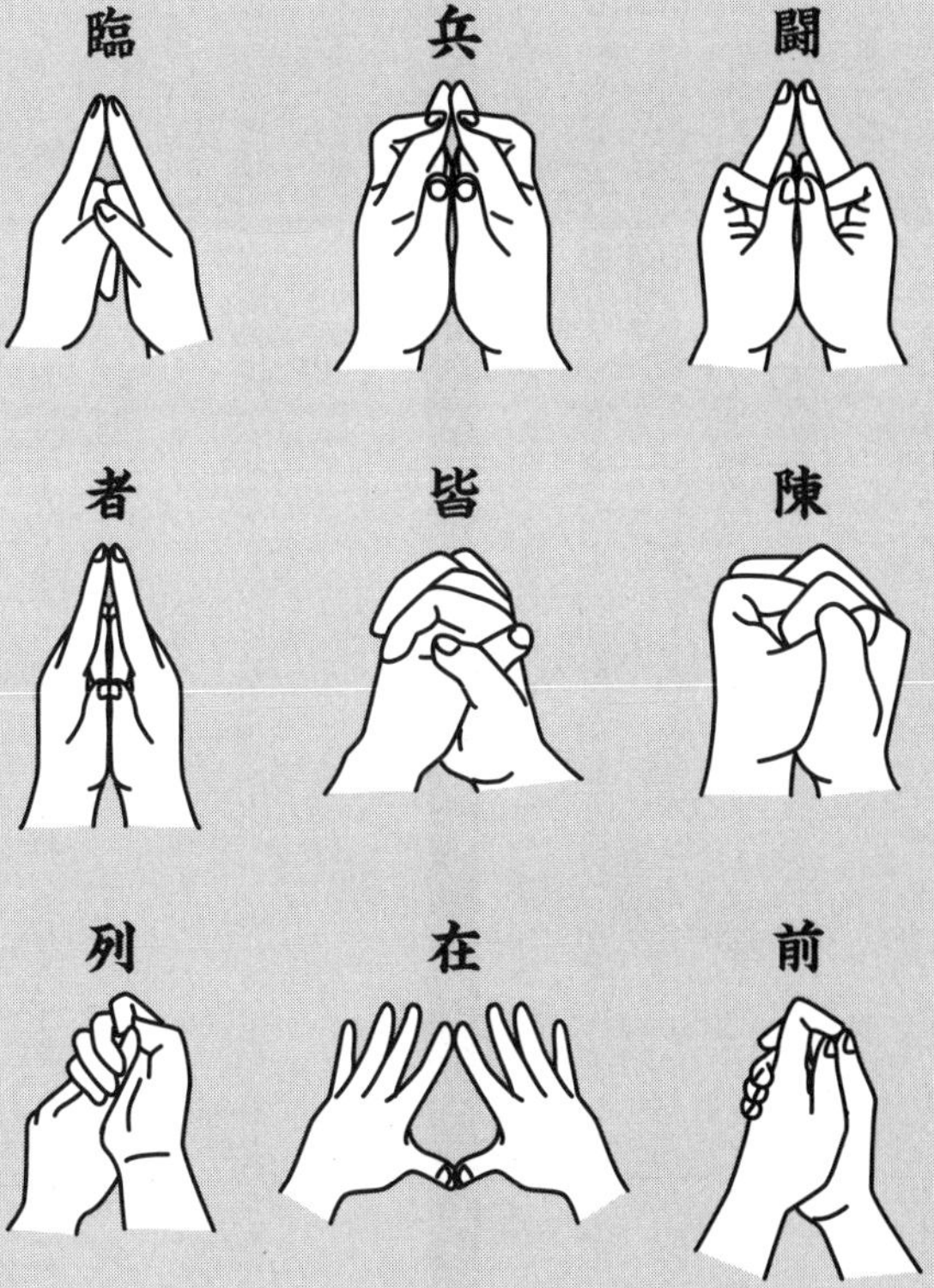

前者の場合は、右手の人さし指と中指を立てて刀に見立て（刀印）、これを手刀のように振るって、「臨・兵・闘・者・皆・陣・列・在・前」の掛け声とともに空間に縦四本、横五本に九線を書き、邪鬼を払います。

こうして空間に呪的な図形を描くことで邪鬼を退散させることを目的とし、その図形が複雑になるほど強力な魔除けのバリアーになって呪力もアップすると考えられています。

忍者の守護神・摩利支天《まりしてん》

修験道では主に不動明王が本尊として祀られます。その激しい忿怒の形相から、軍神として祀られるにふさわしく、多くの戦国武将から戦勝の守護神として尊崇されました。なかでも甲斐《かい》の武田信玄は、その霊力に深く魅せられたことが知られています。

不動明王は、大日如来が一切の悪魔降伏のために化身した姿とされ、その根本は衆生救済の慈悲にあります。その不動明王を本尊として行う不動法は、修験道における根本的な修法とされます。

不動法の実践では、修法者は本尊不動明王を招請して、印を結び、真言を唱え、自己と不動明王が同化する観想を修して、不動の力を自らの験力とします。

なかでも一般によく使われるのが、修験道独特の不動金縛《かなしばり》法という調伏法です。これは不動明王の持つ索《さく》（大縄）によって悪霊・生霊・死霊・動物霊や怨敵を呪縛し、調伏するもので、いわゆる邪霊にとり憑かれている者に対して行うことが多い呪法です。

不動明王と並んで多くの戦国武将から戦勝の守護神として崇敬されたのが、開運勝利の威徳を持つとされる摩利支天です。摩利支天は、九字法の本尊ともされた軍神で、これを本尊として行われる呪術の一つに摩利支天神鞭《じんべん》法があります。

まず紙に円を描き、その中に呪いの相手の名前を書いて、真言を唱えながら、鞭《むち》（鋭い棒の呪具）先で突きまくることで、敵の攻撃を除け、一切の災難厄難を消滅することができるとされます。

また、「摩利支」は梵語《ぼんご》で「陽炎《かげろう》」を意味しますが、陽炎のようにその本当の姿は誰にも見えない、という特性を生かした独特の秘法が摩利支天隠形《おんぎょう》法です。

隠形とは姿かたちを隠すことです。つまり、摩利支天の中に自分の身も心も隠してしまうことで、敵から姿を隠し、一切の災厄を除けることができるとされたのです。

そこから摩利支天は、忍者からも隠形の術の守護神として崇敬されました。

其の八

陰陽道系の呪術

陰陽師の呪術のルーツは中国

陰陽道といえば、神秘的な伝説が数多く残る稀代の陰陽師・安倍晴明を思い浮かべる人は多いでしょう。でも、陰陽道そのものの由来や独特の呪術については、意外に知られていません。

陰陽道は、神道や密教のようないわゆる宗教ではなく、専門的には「日本固有の呪術や占術の技術体系」といわれたりしますが、これだけでは具体的なイメージはつかめません。もっと簡単に、その概要、歴史、呪術、信仰などについて、理解を深めることにしましょう。

陰陽道は、古代中国で成立した自然哲学思想である陰陽五行説という学問を起源とし、そこから派生した呪法が日本に伝わって独自の発展をした呪術体系です。

陰陽五行説とは、陰陽の相反する二気を根源として万物が生成転変し（陰陽説）、また天地の間を循環する木・火・土・金・水の五行を万物組成の元素であると考えて（五行説）、これらの相互作用とその盛衰から、天変地異や人間社会の出来事などあらゆる物事の吉凶禍福を説明するものです。

五行の循環の仕方には、「木は火を生じ、火は土を生じ、土は金を生じ、金は水を生じ、水は木を生じる」とする〝相生《そうしょう》〟と、「木は土に剋《か》ち、土は水に剋ち、水は火に剋ち、火は金に剋ち、金は木に剋つ」とする〝相剋《そうこく》〟の二種類があります。

この思想が易《えき》や道教系の民間信仰と結びついたのが陰陽道の呪法で、日本には六世紀頃（飛鳥時代）に仏教や道教などの宗教や思想とともに伝わりました。

のちに密教と習合して多様化した呪術・占術を備えるようになり、日本独自の呪術や占術の技術体系として発展し、また、神道や修験道と結びつくことによって、日本の政治、宗教、文化に大きな影響を与えたのです。

最高の名声を誇った安倍晴明

日本に流入した陰陽五行思想にもとづく天文道、暦法、占筮、相地《そうち》（土地の吉凶を占う術）、遁甲《とんこう》（古代中国で兵法として活用された占術）などは、王権の権威を支える思想的、呪術的な技術として国家管理のもとに置かれました。

天武《てんむ》四年（六七五）、陰陽五行思想に通じた人材を管理し、独占するための行政機関の一組織として設置されたのが陰陽寮です。本来、この陰陽寮に所属して、占い、天文観測、漏刻《ろうこく》（時刻）の管理、暦の作成などを担当する役人のことを陰陽師と呼びました。それが、やがて吉凶や厄災を占ったり、病気のもととなる邪気を払ったりするようになり、占術・呪術師としての性格を強めていきました。

平安時代になると、陰陽師たちは本格的に呪術、占術で吉凶の判断や除災の法を行うようになります。それによって天皇家、公家の精神生活にまで入り込み、その地位を高めたのです。

平安時代中期には、陰陽博士に任じられた賀茂《かも》氏と安倍氏の両家が陰陽道の二大宗家となって世襲化し、互いに競い合うことで陰陽道は黄金期を迎えました。その当時、陰陽師としての最高の権威と名声を誇っていたのが安倍晴明でした。

晴明は、天文道に精通し、天体の運行から自然現象の推移を察して人間の運命を予知し、五芒星《ごぼうせい》（123ページ）という呪符や式神十二神将を駆使するなど、さまざまな超能力を発揮したとされます。

室町時代中期以降、陰陽道は安倍氏一派の土御門《つちみかど》家の独占支配となり、陰陽師の呪術・占術は武家や庶民にまで広がりました。

陰陽道の呪術のいろいろ

陰陽師は、天文道や暦法、占筮を使って天地の異変災厄を予知するなどの能力を生かして、平安時代以降、魔除け・悪疫払いを中心に、あらゆる災厄を除ける加持祈禱や病気平癒の祈願などの呪術を行うようになり、その効力が人々に頼りにされました。

そんな陰陽道系の呪術の主なものを簡潔に紹介しましょう。

●式神《しきがみ》（識神《しきのかみ》、式《ちょく》）

式神とは、陰陽師が操る鬼神・使役神のことで、陰陽師の代表的な呪法の一つです。別称の「式（栻）」は、陰陽道の占術の道具（式盤）に由来する語で「用いる」ことを意味します。

術としては、和紙製の人形に陰陽師が呪文や息を吹きかけて、命令によって自在に動かすというものです。安倍晴明が得意とした術として有名ですが、彼は式神の十二神将を使役していたといいます。

陰陽師が操る式神は、密教や修験道の行者の使う護法《ごほう》（護法善神《ぜんじん》、護法童子など。仏法を守護する鬼神）と基本的に同じ性格のものと考えられ、その本質は行者の分身であり、それが異界の存在で不思議な力を象徴する鬼神の姿とされました。

●撫で物

撫で物とは、身代わりに使う衣服や、紙・木材・草葉・藁などで作った人形のことです。陰陽師はこれで依頼者の身体を撫でて邪気・怨念・悪病・罪穢れを移し、撫で物に災厄を背負わせるという呪術です。

●物忌《ものい》み

悪夢や憑き物などの凶兆があったり、占いや暦が凶であるときに、陰陽師の判断で一定期間、家などに籠《こも》って不浄を避け（潔斎《けっさい》）、その際に「物忌み」と書いた柳の小枝や紙片を忍草《しのぶぐさ》（別称・忘れ草）の茎に結びつけて冠や髪、御簾《みす》などに挿し、凶事を除けるという呪術です。不吉なことや不浄なことを避ける護身の呪法で、現代でも一部社寺の神事や法会の際に行われています。

●方忌《かたい》み・方違《かたたが》え・鬼門

陰陽道の方位に関係する神（金神《こんじん》、天一神《なかがみ》、大将軍《たいしょうぐん》、王相神《おうそうじん》など）や星辰《せいしん》信仰と密接にかかわる方位術で、方忌みは、凶方を避ける術、方違えは、その凶を克服するための術です。予防的に凶事を克服する護身の呪術の一種です。

方位の良し悪しは、移転、移動、建築、結婚、出産、仏事、墓参など日常生活の諸事に及び、凶方なら方違えや物忌みをして凶事を避けるようにします。

鬼門は、丑寅《とら》(北東)の方角を忌む信仰で、現在でも日本人の生活の中に根強く残っています。もとは古代中国の鬼(悪霊・邪気)が出入りする不吉な方角という思想が日本に伝わったもので、北東(鬼門)と南西(裏鬼門)は陰陽の狭間で不安定になると考えられ、鬼門と裏鬼門ともに不吉な方角とされました。

●反閇《へんばい》(禹歩《うほ》)

反閇とは、道教由来の魔除けと清めを目的とした呪術的歩行法のことです。なかでも有名なのが禹歩で、これは陰陽師がまじないを唱えながら大股で舞踏するような作法を行うことで、道中の安全や悪鬼、猛獣などの危難を避けるものです。のちに修験道に取り入れられ、山伏が修行で霊山に入る際の護身の法として用いられました。現代の相撲の力士が土俵で踏む四股《しこ》は、平安時代、天皇が相撲を観覧する際の宮中儀礼の相撲節《すもうのせち》で、陰陽師が場を清めるために行った反閇が起源とされます。

●占術

陰陽道は、独特な占術を多様に展開し、国家・社会から個人までの吉凶禍福を判断し命運を予知するなど、日本の歴史にも大きな影響を与えました。その占術には、筮竹と呼ばれる細い竹ひごや算木《さんぎ》を用いる易占（卜筮）、式盤あるいは栻《ちょく》と呼ばれる道具を使う式占《しきせん》、暦に照らし合わせて吉凶や方角を占う暦占、生まれた時期の干支により人を分析する命占、住居などを定める土地の吉凶を判断する風水術の地相などがあります。

其の九

神秘力を発揮する霊符

「お守り」は護身の霊符

私たちが寺社にお参りしていただいているお札やお守り、あるいはおみくじは、基本的にそれらに秘められた霊的パワーによるご利益に期待する呪術の一種にほかなりません。

お札やお守りは、護符、呪符、霊符、守護符、護身符、御符、守札、御札、秘符、神符、符、札などさまざまな呼び方をされますが、そもそもこれらの原形とされるのが陰陽道の符呪《ふじゅ》です。

符呪は、陰陽道の呪文を書き付けた霊符呪術のことで、その呪法に用いられる符(札)を総称して霊符と呼びます。この霊符には、大別して呪詛をかけるために用いる呪符、護身のための護符の二種類があります。

霊符の起源とされる道教の教説書『抱朴子』には、呪符は、天上界の神々に直接働きかけて悪鬼邪神を駆逐する調伏的な効力を発揮する符、護符は、悪霊・悪神・邪鬼などの災厄から守って幸運・幸福を招く防御（予防）的な符、とその効用が説明されています。

日本の霊符にはこうした厳密な区別はありませんが、どちらかといえば予防的で招福的な性格が中心で、お札やお守りは護符の部類になります。

呪術図形「セーマン・ドーマン」

陰陽師を中心に密教僧や修験道系の山伏たちは、霊符が秘める呪詛や護身の神秘的な力の効用を説いて、霊符信仰を広く普及させました。のちに神社の神職も護符を作成して配布するようになりました。

陰陽道の符呪は霊符呪術ともいわれますが、その符呪によく用いられる呪文に「急急如律令」があります。これは、中国漢代の公文書の末尾に用いられた決まり文句で、もとの「急ぎ律令の如く行え」という意味が転じて、「悪魔よ、ただちに退散せよ！」という意味になったものです。

これをほかの呪文と組み合わせると、目的の達成を早められる効果があるとされ、

図4　セーマンとドーマン

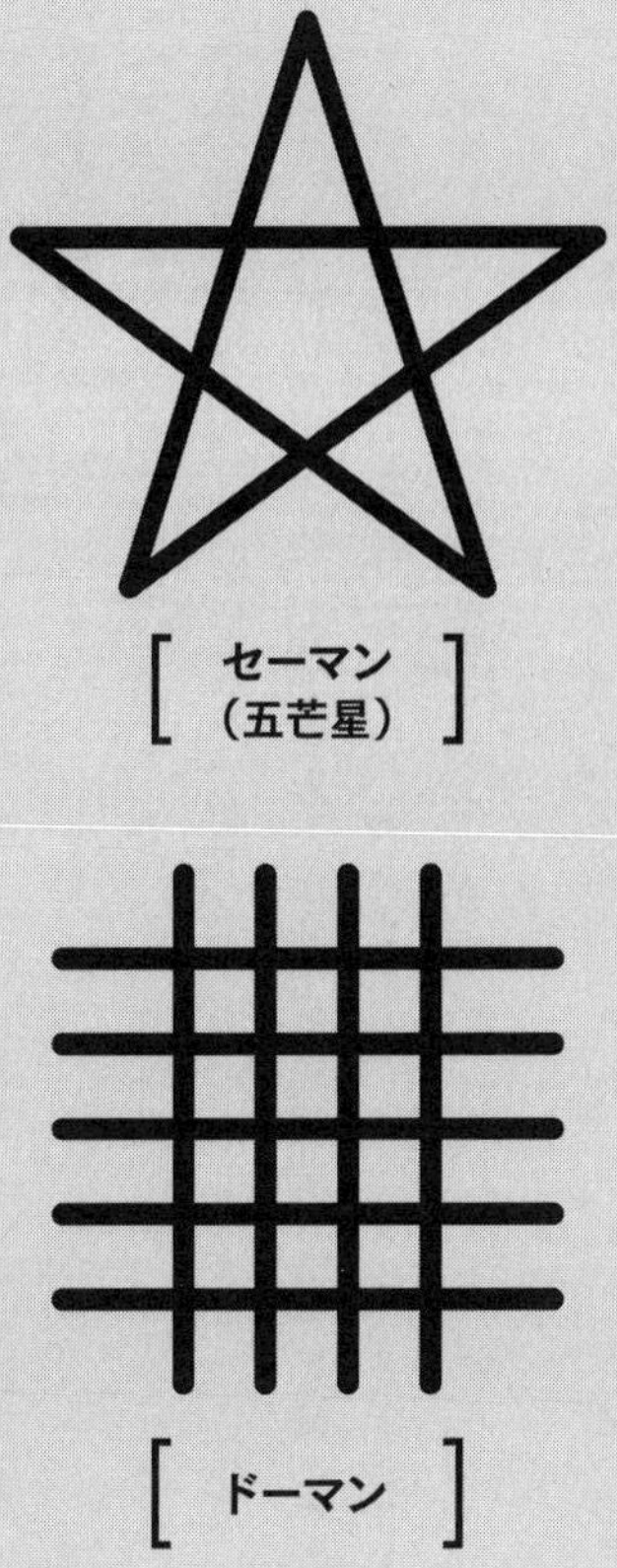

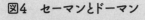

やがて密教、修験道と融合するなかで、梵字、神仏の絵、九字や星形を加えたものなど、多種多様な呪符が考案されました。

陰陽道の代表的な魔除けの呪符に、呪術図形の「セーマン」と「ドーマン」があります（図4）。セーマンは一筆書きの星型で、ドーマンは網目のような縦四本横五本の棒線の組み合わせ図形です。

セーマンは安倍晴明がつくった五芒星のことで、その呼称は晴明の「セイメイ」に由来するとされ、晴明桔梗印《ききょういん》、晴明紋ともいわれます。

またドーマンは、安倍晴明のライバルとされた伝説上の陰陽師・蘆屋道満《あしやどうまん》の名にちなみ、セーマン同様に魔除けの呪符として用いられました。ドーマンは九字切りとも呼ばれ、先に紹介した刀印を結んで九字を切る「九字法」（109ページ）の図形と同じです。

ほかにも、代表的な呪符として「蘇民将来《そみんしょうらい》」（179ページ）があります。蘇民将来は、疫病除けの神様として知られ、戦国武将たちは、「蘇民将来子孫也《そみんしょうらいのしそんなり》」「蘇民将来子孫家門也」と墨書きした紙や木札を城や屋敷に貼り、護身の呪術として用いました。今日でも、家の門口に貼って疫病除け、邪気払いのお守りにする習俗が伝わっています。

霊符の効果はいろいろ

現代も生き続ける霊符呪術は、密教系、道教系、陰陽道系、修験道系などさまざまですが、その基本は願望を成就させて運命を変える呪法です。

日本の霊符は、奈良県の藤原京跡から出土した符呪木簡によって、少なくとも飛鳥時代には用いられていたと考えられます。そのルーツである道教では、霊符は人生のあらゆる局面に有効とされますが、日本では陰陽道を中心に神道、密教、修験道などがお互いに影響し合いながら、より洗練された霊符へと発展し、今日でも多くの人々に利用されています。

現代に伝わる霊符呪術の目的や種類は、諸願成就、開運招福、人間関係、家族・家庭問題、男女関係・恋愛問題、健康長寿、病気平癒、吉凶判断、護身除難、呪詛など、それこそ人生のあらゆる局面に及びます。

本書の第五章で目的別の霊符を紹介していますが、もっと詳しく知りたい人は、霊符呪術関係の実践本が多く出版されていますので、そちらで知識を深めることをおすすめします。

第四章

生活の中の呪術

其の一

魔除け・憑き物落とし

「魔除け」で災厄を防ぐ

この章では、現在も民間で行われている呪術を取り上げ、複雑で多様とされる呪術世界の具体像をざっくりと紹介してみようと思います。

日本人は、古くから生活の中でいつなんどき遭遇するかもしれない悪霊や災いからわが身を護り、難を避けるための護身の呪術を編み出してきました。

護身呪術には、除魔、悪魔祓い、呪詛返し、治病などいろいろなものがあり、これらを総称しているのがいわゆる魔除けです。いわば人間の心と体、生活のすべてをカバーし、四季折々、事あるごとに行われてきたものですから、魔除けは一般にもっともポピュラーな呪術といえます。

魔除けにはさまざまな種類がありますが、主に外から生活空間に侵入する災厄に対して、それを防ぎ跳ね返すものがよく用いられます。

外部と通じる家の出入り口などに呪物を設置するのもその一つで、たとえば玄関に寺社のお札を貼ったり、民間のハリセンボンという魚をつけて門守《かどもり》としたり、軒先に目籠《めかご》（目を粗く編んだ籠）を吊るす習俗なども同じ意味があります。

病気は悪霊の仕業⁉

すでに内部に侵入され、わが身に降りかかった災厄に対しては、それを外部に送り出したり、神として祀り上げてしまう祭祀的な呪術が行われます。

自分にかけられた呪詛を、かけた側の相手に返すことを呪詛返しといいますが、これも降りかかった災厄を送り出す魔除けの一種です。これは防御でありながら能動的で攻撃的な護身呪術です。

現に身に降りかかっている災いやこれから遭遇するかもしれない厄災を取り除き、不幸を逃れるために行われるのが、いわゆるお祓いです。お祓いは、わが身にとり憑いた災厄の原因を追い出す積極的な魔除けの呪術行為です。

なかでも一般におなじみなのが、医療呪術です。古くから民間で行われてきた呪術的治療は、日常生活に密着した魔除けの呪術の典型ともいえるものです。

古代人は、人間が病気になるのは悪霊（疫神）の仕業と考えました。そこで特殊な霊能力を持つ呪術師・巫女などのシャーマンが、呪文を唱えて超自然的な力を呼び寄せ、その力で病気を追い出す呪的治療を行いました。

シャーマンは神霊や霊的な存在に通じ、自然の力にも敏感な特殊能力者であり、その呪法は、「手かざし」のような動作によるもの、自然のなかにある薬や毒を使用するものなどさまざまです。

こうした呪術的治療の一つに、憑祈禱と呼ばれるものがあります。これは呪法によって、病人に憑いた悪霊を霊媒に乗り移らせて癒すという方法です。

日本の民間で医療呪術を行ったのは、一般に行者（仏道に入った修行者）や山伏といった存在で、俗に「祈禱師」「拝み屋」などとも呼ばれた魔除けの呪術者たちでした。

お札やお守りも魔除けの呪物

漫画『鬼滅の刃』では、藤の花が魔除けや鬼除けの呪物とされているのが印象的です。ファンの間では、藤の花が鬼の嫌いな日光が強く当たるところを好むからとか、藤はマメ科の植物で、豆は節分の鬼退治の豆を連想させるから、といった理由が推測されています。

そもそも魔除けとは、魔物（悪霊・邪気）がやって来る異界との境界に結界を張り、魔物を除ける呪法、およびそのための道具や装置のことをいいます。

魔除けの呪物の目的や機能は、基本的に魔物を退散させて福を招くことに加えて、将来において遭遇するかもしれない障害をあらかじめ払うという予防の意味が込められています。また、呪的行為に用いられる道具（まじないもの）も、広い意味で魔除けの呪物といえます。

魔除けの呪物には、御幣や注連縄、村境に飾られて悪霊を威嚇する巨大な草鞋や藁人形など、いろいろあります。とくに人形は、あらゆる呪術で用いられる呪物の代表格でもあります。

魔除けの呪物のなかでもっともポピュラーなものといえば、やはり社寺などで頒布されているお札やお守りでしょう。お札は家の戸口に貼ったり、神棚や仏壇に祀ったりし、お守りは身につけたり車や持ち物につけたりします。

ほかにも、安倍晴明の五芒星（セーマン）や、「急急如律令」「蘇民将来」の呪符も魔除けの呪物として今も広く使われています。

「憑き物が落ちる」とは？

不気味なイメージで映画などでもよく描かれるのがキツネ憑きです。これは、いわゆる憑き物現象の一つです。

キツネやタヌキ、ヘビ、ムジナなどの動物霊、人間の生霊や死霊、河童《かっぱ》、天狗、物の怪など、人に憑依《ひょうい》して悪さをする邪悪な霊は総じて「憑き物」とされています。

憑依にまつわる呪術は、中世以降もっぱら民間信仰のなかで生き続けてきました。民間では、身体的・精神的疾患によって、人が異常行動を起こした場合、動物の霊が憑いたと判断しました。そこでとり憑いた霊を体内から追い立てる呪術が行われます。その方法の一つが、とり憑いた霊を「落とす」、憑き物落としの呪法です。

この場合の「落とす」とは、憑き物を取り去る＝除霊することを意味し、今日でも「まるで憑き物が落ちたように治った」といったいい方で残っています。

最近では、人間にとり憑いて悪さをするとされるキツネやタヌキの生息地も減少しているはずですが、それでも憑依にまつわるエピソードは数多く見受けられます。

それには、病気を含む身体的な現象が、現代科学でも解明しきれない神秘的な部分を残したままであることや、突然、人にとり憑いて害をなすという悪霊への漠然とした恐怖が人々の心の底に残っていることも影響しているかもしれません。

其の二

願掛け・縁起かつぎ

江戸時代に願掛けが大流行

願掛けとは、神仏や超自然的な存在に願い事を叶えてもらうように期待して行う呪的行為です。

鎌倉時代以降、神や観音・地蔵などに祈願して霊験を得るという信仰が、次第に習俗として定着しました。その後、現代に続く願掛けの形態ができ上がったのは江戸時代のことです。

江戸後期の文化十一年（一八一四）に『願懸重宝記《がんがけちょうほうき》』という願掛けガイドが出されていますが、その内容は、江戸の町に流行した神仏とその願掛けの作法を詳しく紹介したもので、これが大いに人気を得ました。

願掛けの形式には、病気平癒、安産、厄払い、商売繁盛、合格祈願などの個人祈願と、雨乞い、豊作大漁、虫送り（稲の害虫除けの呪術）、風祭（風害除けの呪術）などの共同祈願がありますが、そのほとんどは個人祈願に属するものです。

アイデアにあふれた願掛けの作法

民間の願掛けは、ただ心中で念じるだけでなく、願掛けの対象に触れて、自分で体感しながら祈願するのが特徴です。そのために願意に沿った形の一定の作法や奉納品などをともなう場合が多くみられます。

願掛けの方法は、願い事の種類によって多種多様です。主なものを次に紹介しましょう。

●奉納する

古くから行われてきたもっともポピュラーな願掛け法。祈願の目的によって衣食住・生産道具類まで多種多様な物を奉納しました。小石を用いる方法（積み石など）も広くは呪物奉納の一種で、病気治療・安産祈願などに多く用いられました。

●断つ

自分自身に試練を課して神仏に真摯な態度をとり、祈願成就に積極的な姿勢を示します。塩断ち、酒断ちなどの飲食から趣味嗜好など特定の行為を一定期間行わないという方法です。

●撫でる・触る

社寺の境内などにある霊石・霊木・石像（神使の動物など）を撫でたり触ったりする方法で、天満宮における天神様の使者とされる牛の石像「撫で牛」が有名です。

●踏む・くぐる・まわる

何回も繰り返すことで祈願の切実さを訴えて加護を期待するもの。その代表が「お百度参り」で、往復する距離の標識となる「お百度石」は「百度踏む」という言い方をします。また、くぐり、まわる方法には「茅《ち》の輪くぐり」（180ページ）や岩の割れ目などの「胎内くぐり」が知られます。

●浴びる・浸かる・飲む

水の霊妙な浄化力によって心身を清めるという禊に通じる祈願法。水垢離、滝行、霊水を飲むなどのほか、金運アップの「銭洗い」が知られています。

●縛る・結ぶ

祈願者が神仏の像を縄でぐるぐる巻きにするなどして、神仏に加護を強引に催促するという独特の祈願法（強制祈願）で、「縛られ地蔵」が有名。基本的に願掛けの対象（神仏）を苦痛から解放することを条件に祈願成就を得ようとするもので、主に病気平癒の祈願として行われます。

●塗る

味噌、塩、白粉《おしろい》、ベンガラなどを道祖神《どうそじん》、地蔵、奪衣婆《だつえば》（171ページ）像などに塗り付ける祈願法。自分の患部にあたる部分に味噌を塗って病気治癒を願う「味噌嘗《な》め地蔵」や、肌の悩みや美肌を祈願する「白粉地蔵」などがありますが、主には治病を願うものです。

●投げる

浄化儀礼の一種とされる呪的行為で、賽銭を賽銭箱に投げ入れるのも、この祈願法の一つです。「かわらけ投げ」や「運玉投げ」などの願掛け法が各地の社寺にみられます。

●憑く

民間信仰の雛流しは、罪穢れを人形にとり憑かせて身を清め、健康や幸福の招来を祈願するもので、願掛けの一種といえます。

「縁起かつぎ」と言霊信仰

縁起かつぎは、私たち日本人がふだんから特に意識することもなく行っている呪術的な行為です。

縁起かつぎは、験《げん》かつぎともいいますが、一般には、日常生活の中の「ちょっとした出来事に対して、それが良い前兆か悪い前兆か気にすること」と説明されています。いわゆる縁起物を身につけたり部屋に飾ったりするのも、縁起かつぎに類するものといえます。

古くから人間は、境目＝境界を恐れてきました。そこから災厄をもたらす魔物が出入りすると考えたのです。年の変わり目や季節の変わり目も、そうした境目の代表です。

とくに古い一年がリセットされて新たに始まる未知の一年への不安が強まる正月には、めでたい食材を集めたお節料理、お屠蘇《とそ》など、良い運気を呼び込むための「開運・招福」の縁起かつぎが古くから行われています。

昔から続くものとしては、ほかにも「鶴は千年、亀は万年」「鯛はめでたい」といった言葉にあるように、祝儀の席で鶴亀の意匠や鯛の尾頭つきなどを用いる縁起かつぎなどがあります。

縁起かつぎの背景には、民間信仰の中の言霊信仰があります。すなわち「よい言葉」を使うことで「よいこと」が起きることを期待するのです。たとえば、カエルは「お金が返る」、フクロウは「不苦労」、タヌキは「他を抜く＝出世、成功」といった語呂合わせはその典型で、これらの動物は縁起物やお守りで人気があります。新しいものでは「カツ（勝）丼」、「ウイン（勝利）ナー」などがあります。

そのほか、ラッキーセブンの「七」や末広がりの「八」を喜んだり、「四（死）」や「九（苦）」を忌むのも縁起かつぎの一種です。

其の三

身のまわりの呪術道具

生活の中の「使える呪具」

意外に思われるかもしれませんが、私たちの身のまわりには、いろんな願い事に応えてくれる呪具（呪物、縁起物）がたくさんあります。どんな家にも、必ず一つや二つはあるといってもいいでしょう。

その効き目は、金運・開運・恋愛運のアップ、無病息災・災難除けなどです。ほんの一部ですが、種類別にあげておきましょう。

●中空なもの

古くから中が空洞になっている道具には霊的なものが籠るとされてきました。その理由は、空洞が生命や生殖をつかさどる神秘的な母胎や子宮を連想させるからと考えられています。木製の箱、竹や蔓《つる》性植物製の籠、瓢箪《ひょうたん》、土製の壺や瓶《びん》、竹筒、提灯、行灯《あんどん》、灯籠《とうろう》、桶《おけ》などはその一例で、さらに臼《うす》、碗《わん》、杓子《しゃくし》など、くぼんだ形態を持つ道具も、基本的に霊魂を宿す機能があるとされます。

●樹木

樹木には、精霊崇拝的信仰（樹木崇拝）の要素が今も色濃く残っています。神社の御神木に象徴されるように、精霊が宿る樹木は神霊の依り代の代表格です。その呪力の基本は、魔を除け、福を招く力で、生活の中でさまざまな形で使われています。用いられる樹木には、松（長寿・若さ・不死の象徴、神と交わる霊木）、梅（生命力）、樒《しきみ》（魔除け、雷除け）、柳（生命力、長寿）、桃・椿・桑・柊《ひいらぎ》（魔除け）、南天《なんてん》（災難除け）、白膠木《ぬるで》（神を招く目印・勝軍木）などがあります。

●竹

竹は、旺盛に勢いよく伸びる成長力、地下茎の根強い繁殖力、中が空洞の茎や常緑の葉の活力などから、魔除け・破邪の霊験があるとされます。その呪力を秘めた主な道具には、籠、笊《ざる》、箕《み》（ちり取り）、熊手《くまで》、箒《ほうき》、箸《はし》、柄杓《ひしゃく》、火吹き竹、櫛《くし》、弓矢、尺八、笛、笙《しょう》、笠竹などがあります。

●草花

草花は、神霊が天から降臨するときの目印の役割を果たし、魔除けやまじないの呪物として魔除けの力を発揮します。茅《かや》や葦《あし》で作る草人形《くさひとがた》は身代わりとして穢れや災いを祓う呪物、菖蒲《しょうぶ》や蓬《よもぎ》は端午の節句の魔除けの呪物、茅萱《ちがや》で作る茅の輪は六月の夏越《なごし》の祓《はらえ》における災厄・疫病除けの呪物、菊は病気や悪鬼祓い・長寿の呪物とされています。

●色

色は、人間の感覚や感情に影響を与えることから、呪力としてしばしば利用されます。一般に利用度の高い色は、白色（清浄、潔白、浄化力）、赤色（生命力、エネルギーの象徴、破邪の力）、黒色（不浄、不吉とされる一方で、権威、魔除けなどポジティブな力の象徴）です。陰陽五行では、五原色（青・赤・黄・白・黒）で万物が象徴され、古代信仰ではこの五原色そのものに魔除けの霊力が宿ると信じられていました。

●香り（匂い）

香りは気（息、勢い、気色、気配、味といったもの）の一種で、古くから魔物を退ける力があるとされて、呪術やまじないに欠かせないものでした。その呪力の利用法には香《こう》のほかに、掛香《かけごう》（練り香を小さな袋に入れて掛けて置く）、香袋、匂袋、薬玉《くすだま》などがあります。真言密教の加持祈禱の護摩壇で焚かれる香は、魔物や敵の呪詛を打ち払い、修行者の呪願を運ぶ機能を持つとされています。

●音

日本人は、自然界のさまざまな音を「神の声」として受け入れ、その響きに神霊の力が宿ると信じました。音の呪力によって霊的エネルギーが喚起されると考えたのです。代表的なものに、太鼓、鈴、笛などの音色、竹笹や常盤木《ときわぎ》の枝葉を激しく震わす音、梓弓など弓の弦を鳴らす鳴弦などがあり、巫女や行者が神霊を降臨させるために用いました。また、爆竹や竹・豆類・栗などを火にくべたときの破裂音も魔除けの力があるとされます。

●変身・仮装

変身・仮装の道具は、古くから人間が精神の安定、心（魂）の平安を獲得し、慰めを得る重要な手段とされてきました。呪術的な機能としては、異次元への転移装置、すなわち人が神やその化身になる手段といえます。一般的な変身・仮装の方法としては、①草木の葉で体を覆う、②蓑笠などで体を覆う、③手ぬぐいなどの布や頭巾で顔を隠す、④髪飾り・カツラをつける、⑤仮面（神・鬼・動物など）をつける、⑥化粧

（墨や泥を塗るなど）をする。⑦衣装（能の狩衣、男の女装など）を着る、といったものがあります。これらの要素は、単独または、複合的に利用されます。

これまでにあげたもの以外でも、民間のまじないでは、さまざまなものを呪物として用いました。それらをまとめると次の通りです。

貝殻（ホラ貝・アワビ・スイジ貝・シャコ貝など）、蟹の甲羅、骨（猿・猪・鮫などの頭蓋骨）、キノコ（マンネンタケ・サルノコシカケなど）、杉皮、蹄鉄・馬の沓《くつ》、土鈴、ニンニク、花火の手筒、ハリセンボン、蜂の巣、柊・榧《かや》・櫟《いちい》など棘のある樹木、繭玉・粟穂《あわぼ》・稗穂《ひえぼ》など年頭の飾り物、草履、草鞋《わらじ》、石、米など。

ほかにもまだいっぱいあるのですが、とりあえずこれくらいにしておきましょう。

第五章

呪術入門〈目的別〉

其の一

災難から逃れたい

「災難除け」は最高の護身術

そもそも災難除けは呪術の基本ですから、どんな呪術もそれに応える機能を備えています。その代表的なものが、霊符（護符・お札）です。その目的は災難除けはもちろんのこと、人生のあらゆる局面をカバーしていて、種類も多岐にわたります。

霊符呪術には、超越的な力を操り悪霊・邪気を退ける（調伏する）積極的な方法と、悪霊・邪気のもたらす災厄を予防する防御的な方法の二種類があります。

前者の場合は、密教、陰陽道、修験道などの系統によってそれぞれ流儀が違い、厳密な規則や作法が定められています。したがって、これをわかりやすく簡単に説明するのは困難です。詳しく知りたい人は、専門的な案内書、実践の手引書の利用をおすすめします。

ということで、ここでは後者の防御的な効果が期待されている護符の代表的なものをいくつか紹介しましょう。

●牛王宝印《ごおうほういん》

全国の神社や寺で発行している護符の代表的なものの一つが牛王宝印です。これには、お札に烏、鷹、鳩、牛、蛇、宝珠《ほうじゅ》などさまざまなデザインの印を捺《お》したものがあります。

なかでも有名なのが、紀伊（和歌山県）の熊野三山で頒布されている「熊野牛王神符」です。通称「オカラスさん」とも呼ばれるように、熊野権現のお使いとされる烏をかたどった文字（烏文字）を用いて和紙に版木で刷られているのが特徴です。本来の火難・盗難・病難除けを中心に、あらゆる災厄から守護するとされています。

この牛王宝印は、かつては札の裏面を使って誓いの文言を記す起請文《きしょうもん》としても使われ、その誓いを破った者には神仏の罰が下され、血を吐いて地獄に落ちると信じられていました。それくらい強力なパワーを秘めた護符とされています。

●急急如律令

「悪魔よ、ただちに退散せよ！」という意味で頻繁に使われる「急急如律令」の呪文を書いたお札は、道教由来の悪魔を退散させる力を持つ強力な呪符です。

古くから悪鬼や病魔を防ぐ霊力があるとされ、霊符呪術に広く用いられてきました。戦国時代には、城館を襲う悪鬼＝敵を退散させる呪いとして用いられたことが知られ、当時の城館跡からしばしばこの護符が書かれたお札が発掘されています。

●セーマンとドーマン

呪符によく用いられる呪的文様として知られるのがセーマン（五芒星）とドーマン（九字法）です（109・122ページ）。

いずれも、描かれた線による結界が悪霊や邪気の侵入を防ぎ、あるいはその中に迷い込んだ魔物が抜け出せなくなるといわれることから、魔除けの効果があるとされます。

この二つをセットで使用したり、またセーマンと「急急如律令」や「蘇民将来」の符を組み合わせて効力アップを期待する護符の例も多く見られます。また、安倍晴明を祀る京都の晴明神社では、五芒星をかたどったお守りが頒布されています。

●北斗七星霊符《ほくとしちせいれいふ》

北の空の星座である北斗七星が秘める守護力を有するとされるのが、北斗七星霊符です。これは北斗信仰にもとづくもので、密教でも重視され北極星と北斗七星の神格化である北辰妙見菩薩《ほくしんみようけんぼさつ》（神道では天御中主神《あめのみなかぬしのかみ》とされる）を本尊として祀っています。

北斗信仰によると、人は、北斗七星を形成する七つの守護星（貪狼星《とんろうしょう》、巨門星《こもん》、禄存星《ろくそん》、文曲星《ぶんきょく》、廉貞星《れんじょう》、武曲星《ぶきょく》、破軍星《はぐん》）のいずれかの星（本命星）に属しているといわれます。

本命星は、十二支の生まれ年から導き出されるもので、たとえば、「子《ね》年生まれの人の本命星は貧狼星」ということなります。

本命星は自分が生まれ出た星であり、生涯を通して自分を守ってくれる守護星ですから、寿命や禍福など私たちの先天的な宿命をつかさどります。

その北斗七星霊符を発行していることで知られるのが、古くから星信仰のお宮として信仰を集める大阪府の星田妙見宮《ほしだみょうけんぐう》（交野《かたの》市星田9丁目60－1）です。この霊符を所持すれば、ご祭神（妙見）の強力な加護が与えられるとともに、願望成就の運気もアップするとされています。

なお、密教の修法に北斗法（北斗供）や北斗護摩法がありますが、これは北斗七星を本尊として疫病、災厄、天災などを鎮める呪法で、調伏的な効果が強いものです。

●伊《い》吹法《ぶきのほう》（息吹法）

護符と並んで、災難除けの基本呪法といえるのが呼吸法です。呼吸は生命を維持する基本的な活動であり、呼吸が止まれば人は死にます。そこから呼吸と生命（魂）は不可分のものと考えられてきたのです。

伊吹法とは、神道の行法として伝わっている息長《おきなが》、息吹永世《いぶきながよ》とも呼ばれる呼吸法です。イザナギの神話に由来し、罪や穢れ、病気や邪気を払う秘伝とされています。呼吸によって心身を清浄にし、生命力を高めることによって、災厄を除けるパワーを獲得するというのが神道の基本的な考え方です。

一人でもできる簡単な方法としては、毎朝、日の出のときに、太陽に向かって正座し、眼は半眼にして一メートルほど前方を見すえ、太陽の陽気を鼻から吸い込むつもりで、ゆっくり長く静かに息を吸い込み、次に、口から息をゆっくり長く吐き出すというもので、これを何回か繰り返します。いわゆる丹田《たんでん》呼吸法と同じで、健康法としてもすぐれているといわれます。

其の二

金運・仕事運を高めたい

成功勝利のパワーを獲得する

富や幸福の追求に対応する呪術の基本にあるのは、人が幸せになろうとするのを邪魔する悪霊・邪鬼を打ち払う破邪のパワーです。それによって、金運、仕事運、開運、成功勝利、受験・就職試験合格、勝負事必勝などの実現を目指すのです。

ここでは、大黒天や弁才天《べんざいてん》など、おなじみの神様に祈願する方法や、いくつかのまじない、呪物を紹介しましょう。

一般の人が行える呪法でないものも含まれますが、参考までに概説します。

●大黒天の秘法

恵比寿《えびす》と並んで七福神の人気者として庶民の信仰を集める大黒天を本尊として行い、財運・金運や出世開運をアップさせる呪法として知られるのが大黒天法です。

本格的な密教修法では、主に忿怒形《ぎょう》の大黒天や三面大黒天を用い、内縛印《ないばくいん》（九字の印の「陳」。111ページ）を結んで真言を一千回唱えます。これを子《ね》の日、子の刻に七日間行うことによって福を得る効験にあずかれるとされ、そこからこの手法は正式には大黒天一日千座行と呼ばれます。

簡便で効果も期待できる方法としては、前記の大黒天の尊像を安置し、炊きたてのご飯と供物、香の物などを供えて、大黒天の真言（オン・マカキャラヤ・ソワカ）を唱えます。これを三年間、朝夕に行うと大黒天が現れるようになり、商売繁盛も出世や成功も願いのままといわれます。

●弁才天の秘法

弁才天は、もとは仏教の知恵と長寿の女神ですが、福の神で福徳財運を与えてくれるという信仰が庶民の間に生まれ、弁財天の名で七福神の一員にも加えられています。また、水辺に祀られることが多く、水の神様としても知られます。

その弁才天を本尊として行うのが、密教の物欲所望《しょもう》の法の一つである弁才天三十二香薬洗浴法《こうやくせんよくほう》（呪薬洗浴の法）です。

名前の通り加持した香湯を用いて身を洗い清めるのが特徴で、作法は煩雑で一般向きではないので省略しますが、要するに悪霊・死霊など諸悪の障難を除き、人生における富と幸福に関する一切の諸願を叶えてくれるといわれるほどの強力な修法です。「身を洗う」という呪的行為から思い浮かぶのが、弁財天の霊力が宿る霊水（御神水）でお金を洗うとお金が増えるという銭洗《ぜにあらい》弁天（鎌倉の宇賀福《うがふく》神社や東京・日本橋の小網《こあみ》神社など各地で見られる）の信仰です。これは、弁才天が地球上の生命の源である水の神という性格に由来するものです。

●吉祥天の秘法

世間では美人の代名詞とされ、かの弁才天をもしのぐ美女の誉れ高い吉祥天は、古くからあらゆる災難を除き、金銀財宝と幸福を与える福徳の神として信仰されました。弁財天の前は、この吉祥天が七福神の紅一点だったほどの福徳パワーの持ち主です。

密教修法の物欲所望の法として、この美しい女神を本尊として行うのが吉祥天の秘法です。願望をすべて叶えて満足をもたらす如意宝珠《にょいほうじゅ》を左手に持つその姿から、如意宝珠の法ともいわれます。

その方法は、蓮華《れんげ》（ハスの花）が一万本咲いている池に、左手に香炉を持って入り、花を一本摘み取るごとに真言「オン・マカ・シュリエイ・ソワカ」を唱えます。これを毎日朝夕に一万回繰り返すと、目の前に吉祥天が現れて願いを叶えてくれます。貧乏から脱し、一気に金持ちになる秘法といえます。

●虚空蔵求聞持法《こくうぞうぐもんじほう》

「求聞持」とは、「一度でも見たり聞いたりしたことを、決して忘れることがない」という意味です。知恵が深まり、記憶力が無限大に高まる効果があるとされ、超人的な記憶力を獲得して天才を生み出す術ともいわれることから、「求聞持聡明法」とも呼ばれます。

求聞持の修法は、本来、複雑な修行の場の設定や作法が求められますが、その基本になっているのは、虚空蔵菩薩の真言「ノウボウ・アキャシャ・キャラバヤ・オン・アリキャ・マリボリ・ソワカ」を唱えることです。百万回唱えれば、一度目にしたもの耳に入ったものすべてを暗記する能力を獲得することができるとされています。

原則的には、一日一座または二座とし、真言は一座一万回唱え、一日一座であれば一〇〇日間、一日二座であれば五十日かけて行います。また、日蝕または月蝕の日に終了（結願《けちがん》）するのが決まりで、終了日から逆算して始める必要があります。

求聞持の修法については、空海が四国の室戸岬《むろとみさき》で修行中にこの法を修した際に、明けの明星（金星＝虚空蔵菩薩の化身）が口の中に飛び込む、という奇瑞《きずい》（吉兆）を得たという伝説が有名です。いわば、弘法大師《こうぼうだいし》空海という超人的な天才を生んだ呪法なのです。

手軽な「おまじない」の呪物

金運・開運・仕事運アップの俗信的な「おまじない」は数多くあります。それは呪術を利用して、日常生活の中で手軽に運気を高めツキを呼ぶための方法といえます。

●蛇の抜け殻

蛇は弁財天のお使いで財福をもたらす存在として知られています。蛇が脱皮を繰り返す習性は繁栄の象徴とされ、そこから蛇の抜け殻や皮を財布に入れておくと金運倍増の効果があると信じられてきたのです。普通はなかなか手に入りませんが、蛇を祭神とする神社などではお守りとして頒布されています。

●兎の足

兎は古くから山の神と縁の深い霊獣と考えられ、白い兎は吉兆とされました。『日本俗信辞典　動・植物編』（鈴木棠三著／角川書店）によれば、金粉を扱う職人が、こぼれた微細な金粉をかき集めるのに兎の足を用いたことから、「金を集める」力があるという俗信が広まったといいます。西洋でも古くから「ラビット・フット」は幸運のお守りとされてきました。

●墓石のかけら

墓石のかけらをお守りにして身につけておくと、ギャンブルや受験合格など一発勝負の勝運がアップするというまじないがあります。墓石を通じて墓の主の神秘力にあやかろうというわけです。

お守りに〝人気〟の墓石としては、東京都の回向院《えこういん》（墨田区両国2丁目8－10）の鼠《ねずみ》小僧治郎吉《こぞうじろきち》の墓、静岡県の梅蔭禅寺《ばいいんぜんじ》（静岡市清水区南岡町3－8）の清水次郎長の墓などが知られています。

其の三

敵を退けたい

自分を脅かす魔（敵）を排除する

私たちは基本的に競争社会に生きていますから、成功を妨げる者（怨敵）がいればそれを退ける必要に迫られることもあるでしょう。

日本の歴史上で、切実に敵を退けたいと願った存在として、乱世のサバイバル競争の渦中に生きた戦国武将をイメージするのは容易です。彼らが盛んに用いたことで知られるのが、修験道の代表的な調伏法の九字法です。国（領土）を守ることを第一とした武将たちは、その国を奪おうとする悪（敵）を祓いのけるパワーが得られると信じたのです。

現代に即していえば、それは事業や仕事が上手くいかずに倒産やリストラの危機に陥ったときに、その凶運をもたらす悪霊・邪鬼を積極的に払いのけ、窮地を脱するための呪法ということになります。その目的は、ライバルの調伏（失脚させる）といったことにも及びます。

調伏法の根本にあるのは、悪（敵）を降伏させる効果ですが、この悪の判断基準はあくまでも調伏を行う側の考え方、価値観の問題ですから、むやみやたらに術を仕掛ければ自らに危険が跳ね返ってくる可能性もあります。そのことを肝に銘じて適切に用いれば、窮地を脱し運命を打開する護身の法として役に立つはずです。

以下に、代表的な調伏法のいくつかを紹介しましょう。

●不動明王の護摩法

不動明王の特性の火生三昧の効果は、凡俗のあらゆることに及ぶとされますが、特に敵を倒す目的においては、怨敵調伏、勝負必勝、立身出世、商売繁盛の霊験があらたかといわれます。

不動明王の忿怒の形相は、単に悪を罰する強さだけでなく、本来は仏法に敵対する魔物を退けて衆生を救済する慈悲を象徴するものです。その意味で、単に相手を恨み、妬んで呪い殺すことだけを目的とする呪詛（呪い）とは区別する必要があります。

不動明王を本尊とする調伏法のなかで、よく用いられるものの一つに不動金縛《かなしばり》法がありますが、これについては113ページを参照してください。

●毘沙門天（多聞天《たもんてん》）の秘法

毘沙門天は、もともとヒンドゥー教の財宝福徳の神で、また、インドの古代神話では夜叉（暗黒界に住む鬼類）の首領とされ、さらに仏教においては仏法を守護する十二天のうちの北方の守護神として強力な武勇の持ち主でもあります。

戦国時代には軍神、戦闘神として崇められ、楠木正成《くすのきまさしげ》、武田信玄、上杉謙信をはじめとする武将たちの戦勝祈願の第一の守護神とされました。庶民の間では、七難即滅・七福即生の功徳が広まり、今日でも七福神の一員として広く信仰されています。

毘沙門天を本尊とする修法には、福運招来に効果があるとされるものもありますが、とりわけ強烈なのが敵を呪殺する怨敵調伏の秘法です。

苦練木《くれんぼく》（護摩木の用材の一種・苦木《にがき》）の煮汁と黄土を混ぜて、敵に擬した人形を七体作り、それぞれの胸に敵の名前を書き、降伏真言を唱えながら、七日間一日一体ずつ火中に投じ、夜叉印を結んで修すれば、敵は悶絶して死に至るとされています。

●摩利支天神鞭法

摩利支天（112ページ）も多くの戦国武将に守護神として崇敬されました。摩利支天の梵字を兜の前立てに使ったり、軍旗を立てるときに真言「オン・アニチ・マリシエイ・ソワカ」を唱えたり、戦陣のお守りとして摩利支天の文字を一字ずつばらし、具足の決められた各部に縫いつけるといった呪いも行われました。

摩利支天は、修験道においては悪魔降伏の九字法の本尊とされ、その調伏修法である摩利支天神鞭法を行えば、敵の攻撃を受けることなく、あらゆる災難を除け、退けることができるとされています。

●大威徳明王の調伏法

五大明王（97ページ）の一尊である大威徳明王は、悪魔・悪人・法敵の征服を象徴する水牛の背に乗る六面六足六臂《ろっぴ》の恐ろしい姿から、平安時代末期の院政期には調伏法の本尊として用いられ、怨敵の呪詛・呪殺に効果を発揮しました。

その調伏法の作法は、本尊の前に三角形の壇（特に調伏法を修するときに設ける壇＝三角壇）を作り、真言を唱えてから、黒泥で怨敵に見立てた人形を作り、用意した五本の杭を、人形の左右の肩、左右の脛《すね》、心臓に打ち込みます。

こうして釘付けにした怨敵の人形を前に真言を唱えると、相手は急病になって衰弱し、ついには血を吐いて死ぬことを免れないといいます。

其の四

素敵な相手と結ばれたい

「結ぶ」ことで思いを通じる

縁結びの呪術は、「良い相手に出会いたい」「恋をしたい」「素敵な相手と結ばれたい」といった願望を叶え、運命を変えようとする積極的な攻めの呪術です。

この呪術のポイントは、その「結び」という言葉にあります。たとえば、縁結び祈願で人気のある岩手県の卯子酉《うねどり》神社（祭神は玉依姫命《たまよりひめのみこと》。遠野市下組町9－23）では、社前に張られた注連縄や境内の木の枝に、赤い布を左手だけで結びつけられれば恋が叶うとされています。

この場合、赤という色にも意味があるのですが、それよりも「結ぶ」という行為が重要なのです。縁結びに関する呪術には、その名の通り、何かを「結ぶ」というものが多く見られるのが大きな特徴です。

「結びの呪力」（36ページ）の背景には、結び目には魂を封じ込める力があるとする産霊《むすび》（創造や生成の力）の原始信仰があります。結び目には自然の霊的な力が蓄えられ、新たな生命力が生み出されるという考え方です。

現代においても、寺社の縁起物や民間のまじないに用いられる縁結びの呪物は、その多くが日用品の紐や糸です。こうした身近な呪物を「結ぶ」「合わせる」「つなぐ」ことによって、目に見えない相手の魂を自分に結びつけようとするわけです。

昔も今も、恋愛や結婚は人生の最大の関心事の一つですから、それに関する呪術も本格的な密教修法から手軽な俗信的な方法までさまざまです。

●紐の呪力

和歌の枕詞に使われる「玉の緒」とは、「魂を結ぶ紐（または糸など細長いもの）」のことで、紐の中心的な呪力である魂（生命）を結ぶ機能を象徴する呪物です。紐の呪力は、古くから魔除けや恋愛成就のまじないに用いられました。『万葉集』の恋の歌には、紐という言葉が多く登場します。

「しろたへの　わが紐の緒の絶えぬ間に　恋結びせむ　逢わむ日までに」（巻十二）

「恋結び」とは、まじないの結び方の一種で、その効果によって早く恋しい人に会うことができるとされていました。

紐の呪力を手軽に利用するには、社寺の恋愛成就のお守りや縁起物がおすすめです。全国的にたくさんありますが、たとえば、縁結び祈願の人気スポットの東京大神宮（千代田区富士見2丁目4－1）の「縁結び鈴蘭守り」は、紅白の糸をより合わせた紐を使っています。

●糸の呪力

「赤い糸で結ばれた」という言葉には、不思議にロマンチックな響きがあります。糸には、目に見えない霊的なものを結びつける呪力があり、特に恋する男女を結びつけるのは、紐と同じく「結び」のパワーによります。

寺社の縁結びのお守りには紅白の糸を用いるのが定番で、出雲大社の「縁結び糸」も紅白の糸がより合わさっています。

また和歌山県の熊野那智《なち》大社（東牟婁《むろ》郡那智勝浦町那智山1）の護符は、和紙の包みの中に紅白の糸が入っていて、相手が男なら白糸を、女なら紅糸を結んで、相手の持ち物や衣服などに密かに入れ、願を掛ければ願いが成就するとされています。

●六字経法《きょうぼう》の結線《けっせん》の法

糸の呪力を利用した本格的な呪術としては、密教修法の六字経法（六字法）の呪法の一つに、白い糸を用いる結線の法があります。

六字法は、本来、六観音を本尊とした調伏加持で修される病魔除去の息災法の一種ですが、その障害を除くパワーと糸の呪力を結合させることで縁結びの効果を増幅させるという呪術です。

その作法は、白糸二本をより合わせて三尺五寸（約一〇六センチ）の長さのものを作り、供養法を修してから、真言を一回唱えるたびに一回結び（一呪《いちじゅ》一結）、全部で一〇八個の結び目（一筋という）を作ります。

それを七日間続けて、二十一筋を作ると結願《けちがん》（終了）で、これによって願いが成就するとされています。

●愛染明王の恋愛成就法

密教の敬愛法は、意中の人と結ばれたい、また相手から愛されたいという願いを叶える呪術として有名です。

その代表的な本尊が、愛を成就させる神で「愛の明王」とも称される愛染明王です。その教えは、人間の煩悩の一つである愛欲・情欲を自在にコントロールして「愛欲即菩提」「煩悩即菩提」の境地に導くというものです。つまり人間の本能である愛欲や情欲を無理に抑えるのではなく、それを人間的な豊かさを向上させるエネルギーに転換しようとするところに特徴があります。

愛染明王の敬愛法の作法の一つは、紙（または柳の枝）で人形二体を作り、柳の枝を筆として、それぞれに男女の姓名と生まれ年の干支を書き、文字を書いた面を合わせて、糸でしっかりと合体させ、五穀の供え物と一緒に道の辻（十字路）に埋めます。これによって恋愛運がアップし、恋愛関係のどんな願望でも叶えられるとされています。

●大自在天法《だいじざいてんほう》

誰にも経験があると思いますが、片思いで意中の人を自分に振り向かせることはなかなか大変です。

密教修法の敬愛法の一つに、好きな相手の心を自分の方に向けるための呪術があります。それが片思いを成就させる自在天の呪法（大自在天法）で、特に男性が女性を得たいときに行うと効果があるとされています。

本尊の自在天は別名を摩醯首羅天《まけいしゅらてん》といいます。もともとはヒンドゥー教の三主神のシヴァ神のことで、暴風雷電をつかさどり、強大な破壊力と創造力を兼ね備えている荒々しい神です。つまり、そのとてつもない威力が新たな恋を生ませるのです。

修法の基本的な作法は、七日間絶食し、毎日、自在天を観想し、印を結び（このとき両中指に蜂蜜を塗る）、真言「オン・マケイ・シバラヤ・ソワカ」を唱えます。真言の後に、求める相手の氏名と「すみやかに来るべし」という呪文を唱えると、意中の相手が自分のところにやって来るとされています。

なお、これは秘密修法ですから、行っているところを誰かに見られたら霊験が失せるとされています。

其の五

悪縁を断ち切りたい

切りたくても切れない縁を切る

人生はさまざまな縁のめぐり合わせで成り立っています。また、縁は人の運命ともかかわりが深く、プラス方向に働く良縁もあれば、マイナスに働く悪縁もあります。運気を下げる悪縁なら初めから関わらなければよいわけですが、人生の現実の場面では、良縁と悪縁の判断はつきにくいものです。そのため、最初は良縁だと思っても、あとで悪縁だったとわかったりします。

一度つながった悪縁はなかなか断ち切りにくいし、それがいわゆる腐れ縁となれば悪運が悪運を呼び、自分だけでなく周囲にも悪影響を及ぼしかねません。

そんなことから、男女の関係をはじめ、さまざまな悪縁・悪癖をキッパリと断ち、幸福を引き寄せるための呪術やまじないは、古くから、縁結びの呪術と同様に数多くありました。

●修験道の離別法

修験道の行者は、庶民生活の中に入り込んで、人々のさまざまな悩みに対応する呪術を行いましたが、その中には、別れたくても別れられない男女のための離別法も編み出しています。

作法の基本は、真言を唱えて加持祈禱した霊符を、別れたい相手の着物の衿の中にいれておきます。これによって悪縁を断ち切る効果が生まれるとされています。霊符の文字を書く墨を溶く水は、二股に分流する川の分かれ際の水を用いるのがポイントです。

もう一つ、人形《ひとがた》を用いる比較的簡単な方法もあります。紙製の人形を二体作り、両手、両足のそれぞれの先端部、頭頂部、両耳に、「鬼」の字を墨書きします。さらに、二体の人形の胸の部分に魔物を遮る神である「障礙神《しょうげじん》」と記し、一体は男、一体は女の名前を書き、その人形を、川が二股に分かれるところに流すのです。

いずれの方法も、お札（呪符）や人形などの呪物に穢れや魔物を移し、それを「水に流し去る」ことで悪縁を断つという呪法が基本になっています。

●離別符・縁切符

霊的パワーを秘めた霊符は、さまざまな目的に用いられる万能の呪物ですが、もちろん縁結びや縁切りのためにも用いられます。特に男女の縁切り、離別を願うときに用いるのが一般に「離別符」「縁切符」と呼ばれるものです。

ごく簡単な使い方としては、別れたい人といっしょにいるときに縁切符を所持することで効果を発揮します。あるいは、別れたい相手の布団の中に密かに入れておいた符を、翌日、川に流すと、恨みを買うことなく悪縁をきれいに流し去ることができます。

また、漢方にも使われる黄蘗《おうばく》（キハダ）の皮で男女二体の人形を作り、その胸に呪文を書き、背中合わせにした男女の人形の間に鉄板を挟み、紫の糸できっちり結んで、道の辻または高い木の下に埋めるという方法もあります。

具体的な霊符作成の仕方から使用法などの決まりや効果については、詳しく説明した霊符呪術の実践書、案内書などが出版されていますので、そちらを参考にしてください。

悪縁を断ち切るパワースポット

全国各地には、悪い運気や縁を断ち切ってくれる縁切りのパワースポットや神社仏閣がいくつもあります。そこには、しがらみや未練を断ち切り、再出発を願う人たちが数多く訪れています。

●縁切り榎《えのき》（東京都板橋区本町18）

この霊木は、江戸時代の地誌『新編武蔵《むさし》風土記稿《こう》』に「世に男女の悪縁を断絶せんとする」と書かれ、これに祈願すれば必ず縁切りが叶ったとされています。幕末の皇女・和宮《かずのみや》の嫁入りの際に、「ここは縁起が悪い」というので迂回したというエピソードが残っています。昔は難病と縁を切りたいという祈願が多かったそうですが、今は男女の悪縁切りで有名です。

●門田稲荷《かどたいなり》神社（栃木県足利市八幡町387）

俗称「縁切り稲荷」で知られる門田稲荷神社は、悩ましい悪縁から解放され、新たな出会いと再出発が叶う神様として信じられています。男女間や人間関係、病気、たばこ、酒、ギャンブルなどの悪縁・悪癖と縁を切って、良縁パワーを授かりたいと願う参拝者が数多く集まります。

●三狐《さんこ》稲荷神社（埼玉県鴻巣《こうのす》市本宮町1）

悪い縁を切り良縁を招く「天狐・地狐・人狐」の三狐を祀っているのが、埼玉県鴻巣市の三狐稲荷神社です。恋愛・結婚・受験・就職・人間関係などにまつわる良い縁を結び、悪癖・悪習慣・悪い人間関係などの悪い縁を断つご利益があるとして信仰を集めています。小さな狐像「お狐」に願い事を書いて奉納します。

●安井金比羅《やすいこんぴら》宮（京都府京都市東山区下弁天町70）

断ち物祈願の宮として有名な当社の祭神の崇徳《すとく》天皇は、日本最大の怨霊として強烈な祟りのパワーを発揮することでも有名です。その霊威は、讃岐に配流されて軟禁中に仏教に深く帰依し、一切の欲を断ち切ったことに由来しています。祈願法は、「縁切り縁結び碑《いし》」と呼ばれる霊石の穴をくぐる際に、願文を書いた身代わりの形代のお札を持って行うと、あらゆる悪縁を断ってくれるとされています。

悪縁切りのおまじない

水木しげるの漫画『ゲゲゲの鬼太郎』にも登場する奪衣婆は、三途の川の岸で死者の衣服をはぎ取るのが役目です。これが、死者と現世のつながりを断つ機能と考えられ、そこから縁切りの功徳があると信じられるようになりました。

奪衣婆は、葬頭河婆《そうずかば》、姥神《うばがみ》などの異名で民間信仰の対象として各地に祀られています。福島県にある「橋場《はしば》のばんば（婆）」（南会津郡桧枝岐《ひのえまた》村居平《いだいら》659）の石像もその一つで、縁切りの祈願をするときに新しい鋏を奉納します。鋏は、魂の結びつきを断ち切る効果を持つ呪物として古くから用いられました。

ほかにも縁切りの俗信で、「弁天様に男女一緒にお参りする」という方法が知られています。これは弁天様を嫉妬深い女神と考えることから広まったもので、その嫉妬の炎で二人の仲を引き裂いてもらおうというわけです。

また、ごく簡単な縁切りのまじないに、トイレットペーパーを使う方法があります。新しいトイレットペーパーの側面（芯の穴が空いている面）に縁を切りたい相手の名前を書くというもので、使い切ったころには縁が切れるという効果があるとされています。悪縁を「水で洗い流す」という、水の呪力を使った縁切り法の一種です。

其の六

子宝を授かりたい

新たな魂の定着を願う呪術

新たな生命の誕生は、人間の魂が他界との境界を越えてこの世に渡るという出来事にほかなりません。いうまでもなくその境界は、死者の魂があの世へ向かう入り口でもありますから、油断をすると、せっかくこの世に渡って来た赤ちゃんの魂が、この世に定着することなくあの世に行ってしまう危険があります。

ということで、古くから子宝、安産、子育ての祈願にまつわる呪術や宗教儀礼、民間のまじないや縁起かつぎが数多く行われてきました。そのなかから代表的なもの、特色のあるものをいくつか紹介しましょう。

子宝・安産の秘法

密教や修験道では、子授けや安産に関わるさまざまな修法が編み出されています。

その祈禱法や護符、呪術には次のようなものがあります。

●懐胎法《かいたいほう》

子宝を願うときに護符を用いる秘法です。基本の作法は、紙に円を書いて、その中心に薬師如来の種子《しゅじ》（仏・菩薩を示す梵字）を書き、さらに円の周囲に薬師如来の真言を書いて祈禱をするというものです。

●子宝祈禱符

子どもが欲しくてできない人が子どもの誕生を願うものです。白膠木の枝で人形を作り、『観音経秘鍵《かんのんきょうひけん》』の経文を書写した紙で巻いて、それを子宝を願う女性の寝床の下の土中に埋めます。

●求子妊胎法《ぐしにんたいほう》

仏眼仏母像《ぶつげんぶつも》と一字金輪像《いちじきんりん》を本尊として、女の子を生みたいときに行う修法です。

●変成男子法《へんじょうなんしほう》

本来は胎内の女子を男子に変える修法。男の子が欲しい場合に、妊娠三カ月以内に行えば必ず叶うという護符製作の秘法です。作法は、符を作り、常時、肌身離さず所持し、同時に符を複数作り、その紙を七枚ずつ二十一日間飲み込み続け、その間、毎日真言を唱え続けます。

●易産護符《えきさんごふ》

安産を願うときに用いる符にはいろいろなものがありますが、その一つとして、半紙に墨書きで符を作成し、分娩前に「ウンコクウン・ソワカ」と唱えて、それを丸めて飲み込む、あるいは紙に「伊勢」の二字を書いて飲む方法などもあります。

●妊娠を叶える座布団

妊娠に関する縁起かつぎの一つに、何人も子どもを生んだ女性の座った座布団に座ると子宝に恵まれるというものがあります。座布団は多産の女性の臀部に触れた呪物であり、それに座る行為と妊娠を結びつけた呪術の一種です。

犬の呪力にあやかる

出産や育児守護に関するまじない・縁起かつぎとして広く行われているのが、犬に関するものです。これは犬が多産でお産が軽いことにあやかったものです。

●岩田帯

帯の呪力と犬の霊力が合わさって、子どもの健やかな成育と成長の守護力を発揮するとされるのが岩田帯（腹帯）です。

帯の呪力の中心は、霊魂を肉体に結び留める機能で、異界からやって来た不安定な胎児の魂を母体につなぎとめる効果が求められたのです。

岩田帯を、妊婦が妊娠五ヵ月目の戌《いぬ》の日に締めるお祝い（帯祝い）がありますが、これは犬にあやかって戌の日から締めることで安産になるとされています。

江戸時代から庶民の安産の神様として信仰されてきた東京都の水天宮（中央区日本橋蛎殻《かきがら》町2丁目4－1）に、「御子守帯《みすずおび》」という安産のお守りがありますが、これは、昔、水天宮の拝殿の鈴の緒のお下がりを腹帯にしたところ、安産の霊験があらたかだったことからご利益が広がったといいます。

●犬の子

幼児の無病息災を願うまじないに「犬の子」という儀礼があります。これは「犬の子のように元気に育つように」という願いが込められたもので、その代表的なものが、赤ちゃんの無事な誕生を感謝し健やかな成長を願う初宮参り（初宮詣）です。その際に新生児の額に紅や鍋墨《なべずみ》（鍋の底についた黒いすす）で「犬」や「×」と書く風習は今日でも見かけられます。鍋墨で書くのは、家の守り神である荒神《こうじん》（竈《かまど》の神）の守護力にあやかるものです。

●犬張子《いぬはりこ》

犬張子は、子どもの成長を見守るお守りの一種で、郷土玩具として親しまれています。古くは御伽犬《おとぎいぬ》、宿直犬《とのいいぬ》、犬筥《いぬばこ》などとも呼ばれ、妊婦のお守りとして産室に置かれたりしました。また、東京の縁起物の郷土玩具「笊《ざる》かぶり犬」は、魔除け、子どもの成長のお守りとして知られます。

子孫繁栄の石の呪力

日本では昔から石の中には霊魂が宿ると信じられ、縁結び、子授け、安産などを祈願するための呪物として広く用いられました。その背景にあるのは、石を不死や永遠の生命の象徴とする世界共通の考え方です。そのいくつかを紹介しましょう。

●子産石《こうみいし》

石は時とともに成長し、子を産むと考えられ、それにちなんで「子産石」、「子持ち石」の伝承や、成長する石に関する「生石《いきいし》伝説」が各地に伝わっています。

神社などに祀られている子産石は、子どもを望む女性が子産石を撫でた手でお腹を撫でると懐妊する、また妊婦が子産石でお腹を撫でると安産になるとされています。

●陰陽石《いんようせき》

生命力に関する石の呪力は、信仰とも結びついて、豊穣や子孫繁栄をもたらす力として、さまざまな形態で利用されています。男性器や女性器に似た自然石またはそれをかたどって彫像した陰陽石はその代表的なもので、子宝祈願の呪物としても用いられます。

●子安《こやす》の石

石の呪力は占いにも発揮され、石を持ち上げてその軽重で神意をうかがう年占に用いられた「重軽石《おもかるいし》」などは、各地の神社の境内に数多く残っています。石占《いしうらない》の一種である「子安の石」は、各地に伝わる男女生み分けのおまじないの呪物で、一般には、子宝祈願で神社に参拝した際に、男子が授かりたければ黒い石、女子が授かりたければ赤い石を持ち帰り、股に挟んで寝ると望み通りの子宝を授かるとされています。

また、安産・産みの神様として知られる宇美《うみ》八幡宮（福岡県糟屋《かすや》郡宇美町宇美1丁目1－1）では、子宝を願う人が「子安の石」を持ち帰り、無事出産が叶ったときは、石を返すお礼参りをするのがならわしです。

其の七 病気を治したい

病気を治し予防してくれる呪物

私たち人間を襲い苦しめる病魔から逃れるための呪術は、古くからさまざまな形で行われてきました。

とくに鎌倉時代以降、密教が民間に広がるとともに、各地を遊行する行者や修験者などを介して病気平癒の呪術が民間レベルに普及しました。最近では新型コロナウイルス感染症の予防と治癒を願う人々の注目を集めています。以下では、蘇民将来の伝説に関わる護符と呪具を紹介しましょう。

●蘇民将来の護符

全国の牛頭天王《ごずてんのう》を祀る寺院、あるいはスサノオを祭神とする八坂《やさか》（祇園）・津島（天王）・氷川と名のつく神社などで授与されている蘇民将来の護符は、疫病・災厄除けのとてもポピュラーな呪符です。

牛頭天王はスサノオと同一神とされている神で、どちらも強烈な疫病除けのパワーの持ち主です。『備後国風土記《びんごのくに》』逸文の蘇民将来の伝承に、両者の結びつきの由来が記されています。

昔、武塔《むとう》の神（牛頭天王）が旅の途中、将来兄弟に会い、一夜の宿を求めたところ、裕福な弟の巨旦《こたん》将来は冷たく断り、貧しい兄の蘇民将来は温かくもてなしました。その後、再び蘇民将来の家を訪ねた武塔の神は、「私は速須佐雄《はやすさのお》の神である」と名乗り、「世に疫病が流行ったときには、『蘇民将来の子孫なり』と言って茅の輪を腰につければ難を免れることができる」と告げました。のちに疫病でみな死にましたが、武塔の神の教えを守った蘇民将来の娘は助かったといいます。

この伝説にもとづいて、全国に魔除けや疫病除けの蘇民将来符が分布しますが、その形態は、紙製、木製、立体的なもの（六角や八角柱符）、さらに「蘇民将来子孫也」の文言だけのシンプルなものから華麗な装飾を施したものまでいろいろです。最近は、特にコロナ退散祈願のお守りとしても注目されている呪符の一つです。

●茅の輪

蘇民将来の伝説に由来する茅の輪は、茅萱を撚《よ》り結んで大きな輪にした呪具の一種です。六月晦日《みそか》の大祓は夏越の祓とも呼ばれますが、この日には、茅の輪をくぐって今年半年間に身についた穢れを祓う「茅の輪くぐり」の儀式が神社で行われます。

茅の輪は、魔除けや疫病除けの呪力を秘めています。材料の茅萱は、古くから神を招き寄せる標識や魔除けの機能があると考えられてきたもので、その神秘的な力がそのまま茅の輪に利用されているのです。参拝の際に授与される小さな茅の輪は、家の戸口に吊るす魔除け、腕や腰につけるお守りとしても力を発揮しています。

病気平癒を叶えてくれる仏様

仏教的な病気平癒の方法は、古くから除病の呪術がその中心でしたが、それを担ったのが密教の医療呪術です。

真言宗の寺院などで行われている護摩の修法では、病気平癒などの祈願の主旨を板や紙などに書き付けた護摩札に、本尊の霊験（本尊の分身・分霊）を宿らせます。これを祈願者が護符として日常的に所持したり、身辺に貼ったり、あるいは紙符や護摩木を焚いた灰を飲むことによって本尊の加護が得られ、願いが叶うと信じられていました。

病気平癒祈願は、息災法の対象となる諸尊を本尊としますが、なかでも、不動明王と並んで庶民に人気のあったのが、薬師如来、観世音《かんぜおん》菩薩などです。

●薬師如来

薬師如来は、その名に「薬」とつくように、古くから病気平癒祈願の本尊として信仰されてきました。最近では、新型コロナウイルス感染症の予防に霊験ありと話題になりました。

また「目のお薬師さま」としても親しまれ、島根県の一畑寺《いちばたじ》（出雲市小境町803）の一畑薬師をはじめ、薬師様を祀る眼病平癒祈願所とされる寺院が全国に広がっています。

真言「オン・コロコロ・センダリ・マトウギ・ソワカ」を一心に唱え続ければ、病気が治り、寿命も延びるとされています。

また、眼病に関しては、絵馬の右側に「め」と書き、その左側に向かい合わせに「め」の鏡文字（ゆ）を書いた「向いめ」の絵馬を奉納すると効き目ありといわれています。

●観世音菩薩

観世音菩薩（観音様）の説話や伝承のなかには、とくに病気平癒の霊験譚が多くみられます。それだけ、病魔を恐れる庶民の篤い信仰を受けてきたことがわかります。

観音様には、標準的な聖《しょう》観音（正観音）はじめ、千手観音、十一面観音、如意輪観音など数が多く、それぞれに得意分野があってご利益も多彩です。

個々の観音様を本尊とし、厳格な作法を行って霊験を得る方法はもちろんありますが、ただ観音の姿を思い浮かべ（観想）、「南無《なむ》観世音菩薩」と唱えて願うだけでも病難を防いでくれるとされています。また、合掌して観音に所願を念じれば観音の妙《みょう》智力《ちりき》（功徳を授ける力）が起こり、ただちに願意が叶うといわれます。

奇怪な鬼と妖怪の姿の護符

日本の各地に伝わる厄除け・魔除け・厄病除けの門守りのお札やお守りは数多くあります。民間でも病難を逃れるためにさまざまなまじないや呪物が用いられました。

ここでは、強烈なインパクトがある姿で話題のものを取り上げたいと思います。

●元三大師降魔札《がんざんだいしごうまふだ》

西洋の悪魔を思わせる奇怪な姿絵が特徴的なのが元三大師降魔札です。

元三大師とは、実在した平安時代の天台宗の高僧・良源《りょうげん》のことで、ある時、疫病が流行した際、良源が鬼の姿に化身して厄病神を退散させたという伝説から、その姿を写した「角大師《つのだいし》」と呼ばれる護符が作られました。今日では降魔厄除け、富貴栄達などのご利益を授ける仏尊として信仰されています。

また、良源は観音菩薩の化身とされ、観音が三十三の姿に化身して衆生を救済するとされることから、良源の豆粒大の画像を三十三体描いた「豆大師《まめだいし》」の符が作られ、二枚をセットで疫病除け、厄除けの護符として用いられます。授与しているお寺は、発祥の地の比叡山延暦寺（滋賀県大津市坂本本町４２２０）、東京都の深大寺（調布市深大寺元町5丁目15－1）など全国約三〇〇ヵ所にのぼります。

●予言妖怪アマビエ

新型コロナウイルスの感染拡大による社会不安が高まるなかで、にわかに注目を集めたのがアマビエという予言妖怪です。一見すると人魚にも見える姿はネットで拡散され、日本中に広まりました。

不思議な光を発しながら海中から現れたアマビエは、「病気が流行したら、自分の姿を描き写して人々に見せなさい（＝そうすれば流行病から逃れられる）」と言って姿を消した、という伝説が残っています。

妖怪は神の零落《れいらく》した姿ですから、その姿絵は超越的な神秘力を利用した疫病除けの呪術の一種といえます。

其の八

美しくなりたい

美への欲求を叶える人気スポット

美容にまつわる呪術の基本にあるのは、神仏や霊的な存在の超越的な力を利用して、心身のエネルギーを活性化する生命力の再生です。

「もっと美しくなりたい」という願望を叶えてくれる願掛けやおまじないは今でもとても人気があります。主な人気スポットを紹介しましょう。

●美神の美容水

京都府・八坂神社境内の美御前社《うつくしごぜんしゃ》（京都市東山区祇園町北側625）の御神水は、容姿端麗で名高い祭神・宗像三女神のパワーが宿り、身も心も磨いて美しくなるとされています。

●水神の美肌守護力

愛知県・熱田《あつた》神宮（名古屋市熱田区神宮1丁目1－1）にある清水社《しみずしゃ》の祭神は、清らかな水をつかさどる神様の罔像女神《みずはのめのかみ》で、美肌と目の健康、長寿の祈願スポットとして人気です。

●素肌健康の守護神・なまず様

佐賀県・豊玉姫《とよたまひめ》神社（嬉野《うれしの》市嬉野町大字下宿乙2231－2）の祭神のお使いである「なまず様（白ナマズ）」は、素肌健康、しわ退散、皮膚病退散のご利益で有名です。

●ダイエット祈願

静岡県・来宮《きのみや》神社（熱海市西山町43－1）は、昔から悪縁切り・悪癖封じの断物《たちもの》信仰で知られ、禁甘味などでダイエット祈願をする人も多くいます。

ほかにも美容に関する願掛けスポットは全国に数多くありますので、雑誌やネット情報で探してみてください。

延命長寿と若返りの法

延命長寿や若返りの呪術は、人間の肉体から魂（生命力）が遊離してしまうことを防ぐ、すなわち魂が抜け出てしまわないようにしっかり留めるためのテクニックといえます。

神道でもっとも嫌われるのが「穢れ」ですが、これは「気枯れ」とも書くように、穢れが蓄積すると生命力が減衰し（気が枯れて）、結果的に寿命を縮め、命が失われると考えられています。完全に気が枯れて、魂が肉体から抜け出すと、死に至るのです。そのため、穢れをもたらす悪霊、邪気を祓うさまざまな呪術が生まれました。

●神道の延命術

古代において、天皇の健康長寿を願う宮中祭祀の鎮魂祭で用いられたのが十種の神宝（53〜55ページ）です。これには肉体から遊離する霊魂を鎮めて体内に留まらせる働きがあるとされ、霊魂が身体から離れて病気になって死んだりしないように祈願します。

その際に行われるのが、「魂緒《たまお》の糸」の呪法で、作法は神祇官《じんぎかん》が、赤、青、黒、白の糸を決められた順番で結び、その行為を十回繰り返すことで、糸（魂の緒）の結びの呪力を発揮させるというものです。

●普賢《ふげん》延命法（如法《にょほう》延命法）

密教修法の息災・延命長寿法の一つで、本尊は普賢菩薩の二つの大きな徳である増益と延命を形象化した普賢延命菩薩です。その加護による「元気で長生きする」効果と除災のご利益が庶民の信仰を集めました。

「如法」とは、「秘密の大法」という意味で、作法の基本は、普賢延命菩薩の真言「オン・バザラ・ユセイ・ソワカ」を繰り返し数多く唱えることです。修行者が本格的に修するのとは別に、一心に真言を唱えて健康長寿を念じれば、災いを避け、寿命を延ばすことができるとされています。

●仏眼仏母法《ぶつげんぶつもほう》(仏眼法)

如来の世の中を見通す眼相を表す五種の眼（肉眼《げん》・天眼・法眼・慧《え》眼・仏眼）のうち、最高の徳をつかさどるのが仏眼で、同時に仏の智恵、宇宙の真理を意味します。それだけ強力な慈悲の力を持っているということで、「仏母」の名から諸仏を生んだ母とも考えられている仏です。

仏眼仏母法のご利益は、真言「オン・ボダロシャニ・ソワカ」を千回唱えれば、福徳に恵まれ、無病息災、寿命の延長も叶えられるとされています。

●地蔵菩薩法

地蔵菩薩の功徳は、罪障消滅、煩悩打破、福徳、立身出世など数多く、子育地蔵、身代《みがわり》地蔵などと呼ばれて人々にもっとも親しまれている仏です。とくに、寿命を延ばし、幸福や利益を与える功徳を強調して名づけられたのが延命地蔵です。

地蔵菩薩法の祈願の作法は、いつでもどこでも地蔵菩薩の姿を思い浮かべて、真言「オン・カカカ・ビサンマエイ・ソワカ」を唱えて念ずれば、平安と延命が与えられるとされています。

其の九

恨みを晴らしたい

「丑の刻参り」の詳しい作法

人を害することを目的とした呪詛の術は、ブラック・マジック（黒魔術）の最たるものです。

なかでもよく知られているのが、これまでにもしばしば登場した丑の刻参りです。小説や映画などの題材としてもおなじみですが、その正確な作法とは、どのようなものでしょうか。単に藁人形に鉄釘を打ち込めばいいというものではないのです。

そもそも丑の刻参りの作法が定式化したのは江戸時代の元禄期のことです。それは『平家物語』「剣の巻」、謡曲『鉄輪《かなわ》』、御伽草子《おとぎぞうし》『橋姫物語』などに登場する「宇治の橋姫伝説」などを原型として、その後、呪力を高めるための呪物の要素が加わり、それらの集成として成り立ったものです。

典型的な丑の刻参りの作法を、実際の流れに沿ってみてみましょう。

用意するものは、藁人形、五寸釘、鉄鎚で、藁人形には呪う相手の毛髪や爪を入れておき、さらに毒物をすり込めばより効果的といわれています。釘は錆びた古釘を用い、特に鍛冶屋で鍛えた金釘（和釘）が最上とされます。

実践する人は、白装束で、顔に白粉《おしろい》、歯には鉄漿《かね》（おはぐろ）、唇には濃い紅を施します。さらに頭に鉄輪（五徳）を逆にかぶり、その三つの脚にろうそくを立てて火を灯し、一枚歯（または三枚歯）の下駄を履き、口に櫛を咥え、胸に鏡を吊るすというスタイルです。決行場所に向かう道中、決して人に見られてはならないのが鉄則で、見られたら効果が失せるといわれます。

決行は、必ず丑の日を初日として、毎日丑の刻に、七日間の日程で行います。丑の刻は、現在の午前一時から三時までの二時間です。

神社の御神木や鳥居などに藁人形を釘で打ちつけますが、その際には相手を呪殺するなら心臓部、病気やけがなどで痛めつけるなら体の相応する部分に、たとえば頭の病気なら頭の部分に打つといった作法もあります。

こうして結願（終了）の七日目まで行い、最後に深夜に寝そべっている牛を跨《また》いで完了すれば、必ず効果が現れるとされます。

現代でも、丑の刻参りは時代に合ったスタイルや呪物で行われていますが、その目的は、昔と変わらず男女間のもつれを原因とした祈願が中心のようです。

ところで、丑の刻に決行する理由ですが、丑の刻参りの原型の「宇治の橋姫伝説」では、橋姫は鬼になって恋敵を取り殺そうとします。陰陽道では、鬼は丑寅の方位（北東）から出入りするとされることから、人が鬼と化す丑の刻参りは、鬼が出現する方位にちなんで丑の刻がふさわしいと考えられるようになったという説が有力です。

呪う相手を代理する呪物

丑の刻参りは、人形と釘を用いた呪詛の代表格ですが、人形を呪いの呪物として用いることは、昔から日本人に好まれてきました。

人形が好まれるのは、何よりも呪う相手に見立てられるところ、すなわち人形が相手の肉体と魂を完璧に代理し、呪いの効果を高める決め手になるところが最大の理由です。

さらにこの人形と組み合わせたり、あるいは単独で用いる呪物として、相手に属するアイテムがあります。相手の名前や生年月日を書いた符、毛髪、爪、衣服の一部や所持品などで、これを人形の中に収めたり、それ自体の呪力を利用したりします。ブラック・マジックで使われる主な呪物についてその特徴を簡単に並べてみましょう。

●人形

素材としては、一般的な藁人形のほかに紙・木・草・金属・泥（土）・麻などがあります。藁人形は嫉妬の妬みや冤罪を晴らすときに用い、麻人形は男女の縁切りのときに用います。

●毛髪

髪の毛は、人の身体のうちでもその人の霊的側面（念や思い）がもっともよく出る部位と考えられ、古くから神仏への祈願の際に供物として捧げられました。その霊的特性は、人とつながる力として働く一方で、逆に呪いの力としても利用できます。

●爪

手指の「爪相」から、その人の生命力や宿命がわかるといわれるように、爪は霊力と深く関係する人間の肉体（正確には皮膚）の一部です。日本神話の中で、高天原で乱暴狼藉を働いたスサノオが、髪や髭とともに手足の爪を切られて追放されますが、これには罪穢れを祓うという意味があります。つまり、髪の毛と同様に、爪を呪いの呪術に用いれば、元の持ち主の身体に害を与えることができるということです。

●**霊符**

願いを成就する神仏の霊的パワーを秘めたお札の一種で、人を呪う護符としても用いられます。怨敵滅法符は、敵の名を書いた卯木の木とともに地中に埋めると、恨みを晴らすことができるとされています。

●**御幣**

神が宿る依り代として神事に用いられるものですが、民間信仰の「いざなぎ流」では、人間の負の感情に起因する呪いの一種「呪詛《すそ》」の儀礼に用いられています。

◇主な参考文献

陰陽道　呪術と鬼神の世界／鈴木一馨著／講談社選書メチエ
陰陽道の本　日本史の闇を貫く秘儀・占術の系譜／学習研究社
魔よけ百科－かたちの謎を解く／岡田保造著／丸善株式会社
《神さまとご利益がわかる》日本のお守り／畑野栄三監修／池田書店
冠婚葬祭／宮田登著／岩波新書
金枝篇／フレイザー著、永橋卓介訳／岩波文庫
近代庶民生活誌19　迷信・占い・心霊現象／南博編／三一書房
幸福祈願　民俗学の冒険①／飯島吉晴編／ちくま新書
古事記（上・中・下）全訳注／次田真幸著／講談社学術文庫
言霊とは何か　古代日本人の信仰を読み解く／佐佐木隆著／中公新書
今昔物語と医術と呪術／槇佐知子著／築地書館
しきたりに込められた日本人の呪力／秋山眞人著、布施泰和（協力）／河出書房新社
修験道と日本宗教／宮家準著／春秋社
修験道儀礼の研究／宮家準著／春秋社
呪術・占いのすべて／瓜生中・渋谷申博著／日本文芸社
咒術・祈禱と現世利益／大法輪編集部編／大法輪選書
呪術宗教の世界　密教修法の歴史／速水侑著／はなわ新書
呪術と占星の戦国史／小和田哲男著／新潮選書
呪術の本　禁断の呪詛法と闇の力の血脈／学習研究社
呪術・霊符の秘儀秘伝　増補版／大宮司朗著／ビイング・ネット・プレス
神道の本　八百万の神々がつどう秘教的祭祀の世界／学習研究社
神秘の道具　日本編／戸部民夫著／新紀元文庫
図解雑学　密教／頼富本宏編著、今井浄圓・那須真裕美著／ナツメ社
図説　神佛祈禱の道具／豊嶋泰國・大宮司朗・羽田守快・他著／原書房

図説　日本呪術全書／豊島泰国著／原書房
全国厄除け郷土玩具／中村浩訳著／誠文堂新光社
道教の本　不老不死をめざす仙道呪術の世界／学習研究社
なぜ日本人は賽銭を投げるのか　民俗信仰を読み解く／新谷尚紀著／文春新書
日本古代呪術　陰陽五行と日本原始信仰／吉野裕子著／大和書房
日本呪法全書／藤巻一保著／学研パブリッシング
日本書紀（上・下）全現代語訳／宇治谷孟著／講談社学術文庫
日本人の縁起かつぎと厄払い／新谷尚紀著／青春新書
日本人のしきたり／飯倉晴武編／青春新書
日本俗信辞典　動・植物編／鈴木棠三著／角川書店
日本の神様と日本人のしきたり／戸部民夫著／ＰＨＰ研究所
日本民俗宗教辞典／佐々木宏幹・宮田登・山折哲雄監修／東京堂出版
憑霊信仰論　妖怪研究への試み／小松和彦著／ありな書房
呪い方、教えます／宮島鏡著、鬼頭玲監修／作品社
呪い完全マニュアル／仙岳坊那沙著／国書刊行会
仏教民俗辞典／仏教民俗学会編／新人物往来社
まじない習俗の文化史／奥野義雄著／岩田書院
まじないの文化史　日本の呪術を読み解く／新潟県立歴史博物館監修／河出書房新社
「魔」の世界／那谷敏郎著／新潮選書
魔除けとまじない　古典文学の周辺／中村義雄著／はなわ新書
誰も書かなかった密教祈祷の秘密／織田隆弘著／鳳出版
密教呪術と権力者　貴族と天皇を支配した修法／武光誠著／ネスコ
密教の神通力　炎の恋愛必勝法／仲島聖曜著／メタモル出版
密教の本　驚くべき秘儀・修法の世界／学研プラス
民間信仰と現代社会　人間と呪術／桜井徳太郎著／評論社
柳田國男全集11（「妹の力」他）／ちくま文庫

知恵の森
KOBUNSHA

怖《こわ》いくらいわかる日本《にほん》の呪術《じゅじゅつ》

ケガレを祓《はら》いツキを呼《よ》ぶ秘儀《ひぎ》のすべて

著　者――**戸部民夫**（とべ たみお）

2022年　2月20日　初版1刷発行

発行者――鈴木広和
組　版――萩原印刷
印刷所――萩原印刷
製本所――ナショナル製本
発行所――株式会社 光文社
東京都文京区音羽1-16-6 〒112-8011
電　話――編集部(03)5395-8282
書籍販売部(03)5395-8116
業務部(03)5395-8125
メール――chie@kobunsha.com

落丁本・乱丁本は業務部でお取替えいたします。
ISBN978-4-334-78803-2　Printed in Japan
